はじめて確定申告を行う税理士のための

所得税申告に係る資料の収集と分析

税理士 戸村涼子 著

税務経理協会

はしがき

近年、企業の副業解禁やテクノロジーの進化によって、自由度の高い働き方を選ぶ人が増加しています。これに伴い、個人事業主の確定申告の需要も今後高まると考えられます。税理士にとっては、ビジネスチャンスともいえるでしょう。

ただ、個人事業主と一口でいっても、その事業内容は多岐にわたります。従来からあるような業種（例えば製造や小売など）であれば、イメージはつきやすいですが、近年は個人でできる新たな業種が次々と誕生しています。

例えば、YouTuber（ユーチューバー。Google 社が運営する無料の動画投稿サイト「YouTube」に動画を投稿し、広告収入を得る人たちのこと）などはその一例でしょう。名前は聞いたことはあっても、実際にどのように収益を上げているかは意外と知らない方も多いのではないでしょうか。この他にも、テクノロジーの進化によって生まれたビジネスは多数存在します。

このように多種多様な業種を行う個人事業主の確定申告の対応は、所得税の勉強をしただけでは難しいでしょう。なぜなら、理論や計算を頭で理解していても、スムーズに実務を行うためにはまた別のスキルが必要だからです。スムーズに確定申告を行うためには、次に挙げることの理解が必要になります。

① どのように収益を上げているか（ビジネスの内容）

② 確定申告に必要な資料の効率的な収集

③ 資料の分析

①については、第１章で従来からある個人事業主・フリーランスの業種のほか、最近テクノロジーを活用して登場した新しい業種についても概要を説明しています。②、③については、第２章で確定申告の大きな流れを説明した後に、第３章で詳細を説明をしています。

本書は、主に初めて個人事業や副業を営むクライアントの確定申告を行う税理士向けに、上記の①～③を解説する基本書です。資料の収集・分析については IT を活用していかに効率的に行うかという視点も取り入れて執筆しました。これから個人事業主のクライアントを増やしていきたい税理士の参考になれば幸いです。

当初この本の執筆のお話をいただいたときには、「個人の確定申告」という大きな括りの中で、どのようなことに焦点を絞っていこうかと試行錯誤を重ねました。個人事業主の類型もあまりに範囲が広くて迷いましたが、主な業種に絞って具体的な資料の収集に焦点をあてました。その結果、今までありそうでなかった本に仕上がったと思っています。

所得税は、法人税や相続税と違って金額の規模は小さいものの、考慮しなければならないことが多岐にわたり、必要な資料も千差万別です。初めて個人の確定申告業務を行う税理士が、「どのように業務を進めればよいのか」、「どのような資料を集め、どこに気をつければよいのか」といった、確定申告業務を始めるにあたっての「最初の一歩」に役に立てばよいと考えております。

最後になりますが、この本を書くにあたって株式会社税務経理協会の編集者の方には大変お世話になりました。また、このような執筆の機会を与えてくださり感謝しております。本書が多くの人のお役に立つことを願っております。

2020年4月

戸村 涼子

Contents

【凡例】

本文中で使用している主な法令等の略語は、次の通りです。

略語表記	法 令 及 び 通 達 等
所法	所得税法
所基通	所得税基本通達
措法	租税特別措置法

【例】　所法 201 ①一　→　所得税法 201 条 1 項 1 号

第 1 章

個人事業主・フリーランスの類型

本章では、個人事業主・フリーランスを大きく分類して、その業務内容を簡単に説明します。すべての業種を説明することは不可能ですので、以下に絞って説明します。また、それぞれの業種において近年インターネットを使って可能となった業種についても説明します。

・物を仕入れて売る業種
・物を作って売る業種
・インフラを提供する業種
・サービスを提供する業種

1 物を仕入れて売る業種

物を仕入れ、売る業種です。卸・小売等が該当します。

実店舗を持って、仕入・販売を行う方法が従来の個人事業主の形態です。

【店舗を持って物を売る場合】

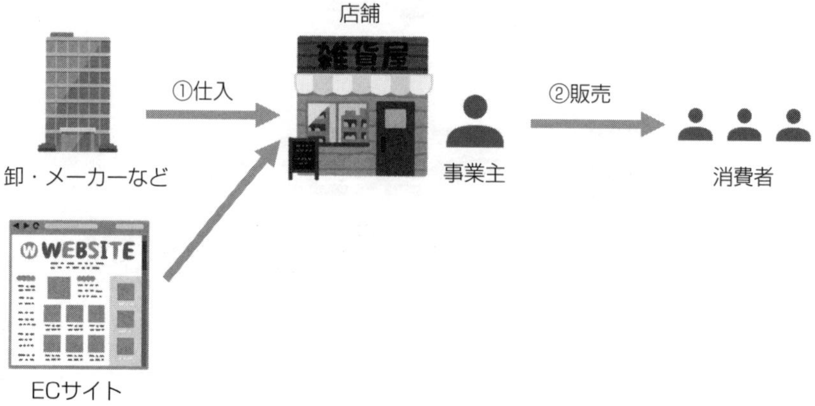

物を仕入れて売る業種の場合、在庫の管理が必要であることが特徴です。後述する在庫表などの書類をもらって適正に売上原価と期末在庫を把握する必要があります。

また、近年新しく登場した業種として、インターネットを使った物販（インターネット物販）も個人に人気があります。仕入は、主に実店舗の他、EC サイト（ネットショップ）を通じて行います。売上は、Amazon などのプラットフォーム（様々なサービスを集めた「場」を提供するサービスのこと）を利用してインターネット物販を行う場合には、Web サイト上で注文を受け付けることになります。

Amazon の場合には、「FBA（Fulfilment by Amazon の略）」というサービスがあり、商品の発送、在庫管理、決済までの業務を Amazon が代行してくれます。商品の注文を受けた後は、Amazon が倉庫から商品を消費者に発送してくれます。事

【インターネット物販】

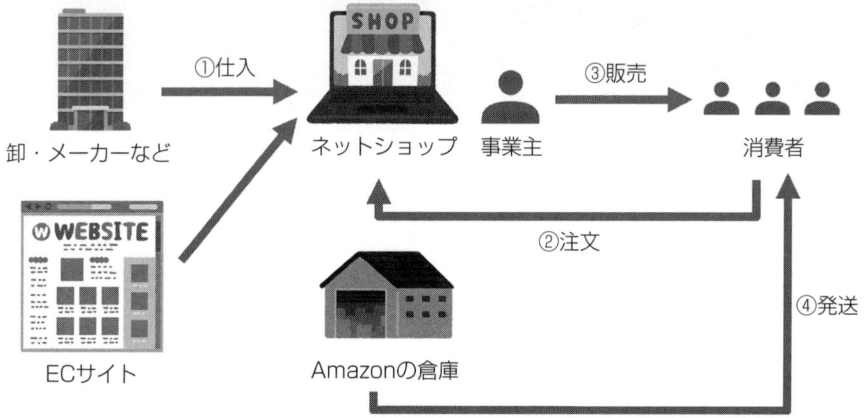

業主は、店舗や倉庫を持つことなく物を売ることができるのです。

このようなインターネット物販の場合、店舗の家賃が発生しない代わりに、Amazon 等に支払う代行手数料の割合が大きくなります。また、納品書等の取引を証明する書類は多くが Web 上からダウンロードしたものとなりますので、このような事情を踏まえた上での資料依頼が必要となります。

2 物を作って売る業種

食品・飲料、アパレル製品、電子部品など物を作って売る業種です。一般的には製造業のことをいいます。

物を作って売る業種の場合、製造原価・売上原価・期末在庫の計算が必要であることが特徴です。これらの計算を適切に行うためには、仕掛品と製品のデータ、在庫表などの書類をもらう必要があります。

従来の工場等を持って物を作り、卸売や小売に販売する個人事業主の他、近年は「ハンドメイド作家」など、フリーランス形態で自分が作った製品をインターネットやSNSを通じて販売する業種も登場しています。

【工場等を持って製品を製造する製造業】

【工場等を持たずに製品を製造し、インターネットを通じて販売する製造業（ハンドメイド作家の例）】

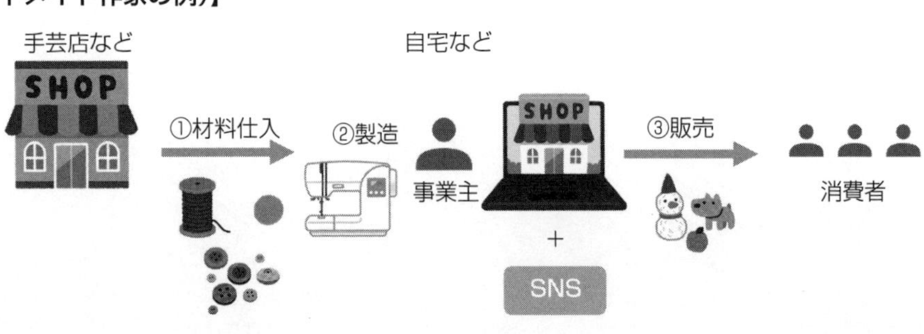

実店舗を持たずインターネットで製品を販売する場合、自身のネットショップ、Amazon 等のプラットフォーム、メルカリ等のフリマアプリ経由など販売チャネルが多彩であることが特徴です。販売チャネルや決済の方法によって売上管理に必要な資料も変わってくるので、事前にヒアリングをしておくとよいでしょう。

3 インフラを提供する業種

住宅・土地などの生活に欠かせないインフラを提供する業種です。一般的には建設業や不動産賃貸業が該当します。

建設業はいわゆる「一人親方」で個人事業をしている人が多く、得意先は建設会社などになります。

建設業の場合、工事ごとの原価管理が必要であることが特徴です。工事台帳等の書類をもらって、適切に原価を計上する必要があります。

【一人親方事業】

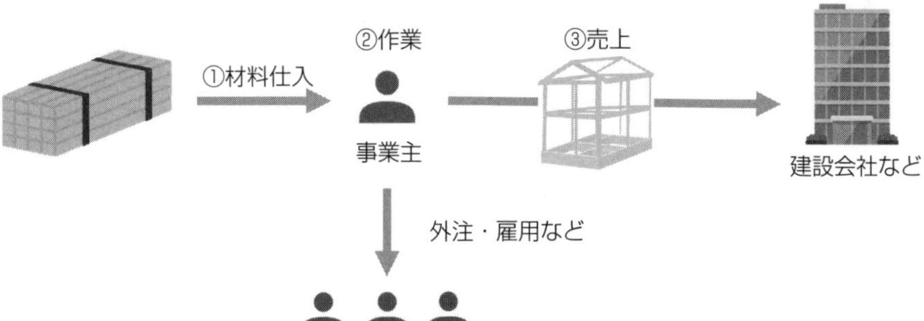

また、不動産賃貸業は脱サラをした人や、定年退職後に個人で始める方が多い印象です。

不動産賃貸業の場合、留意するのが売上の計上日です。原則として、契約等により定められている支払日が売上の計上日となるので契約書をもらって支払条件を確認することが大切です。

【不動産賃貸業】

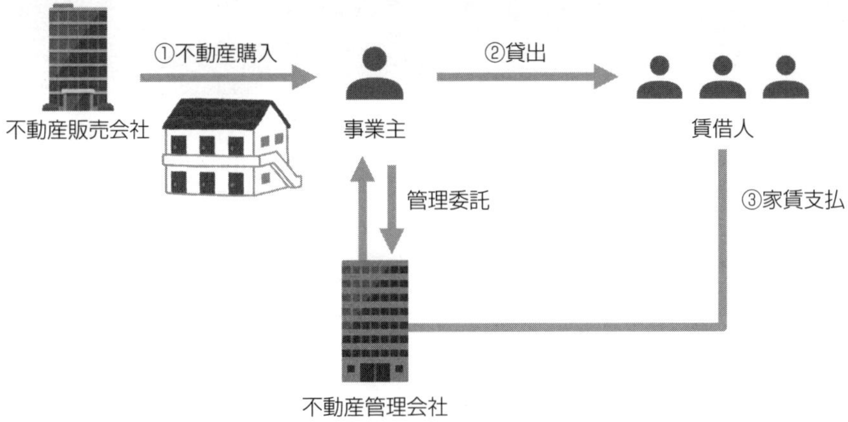

近年は、使っていない民家を貸し出すいわゆる「民泊」も個人でできる仕事として人気です。多くの場合、民泊管理代行会社に管理をお願いする形となります。

【民泊】

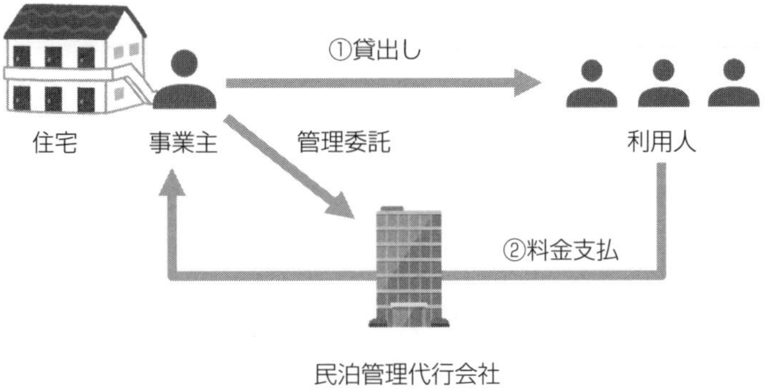

民泊を行っている場合、水道光熱費や固定資産税など、業務用部分と生活用部分の両方が含まれているものについて、面積等の情報をもらって適切に家事按分を行う必要があります。

4 サービスを提供する業種

❶～❸以外の、物やインフラではなくサービスを提供する仕事です。非常に範囲が広いのですが、個人事業で行う主なもので分類すると、次のように大きく分けられます。

① 宿泊・飲食系
② 理容・美容系
③ 医療・福祉系
④ 教育・学習系
⑤ クリエイティブ系

①の宿泊・飲食系は、個人で運営する旅館、飲食店などです。現金取引が多いので、現金管理に関する資料収集を重点的に行う必要があります。

②の理容・美容系は、個人で運営する理容室・美容室等です。これらの業種も比較的現金取引が多いので、現金に関する資料収集を重点的に行います。

また、2019年10月の消費税増税とともに始まった「キャッシュレス・消費者還元事業」によって、現金以外の決済手段を持つ店舗も増えました。決済手段によって経理の方法や必要な資料が異なるので、事前に決済手段を確認しておくとよいでしょう。

【現金以外の決済方法】

クレジットカード決済

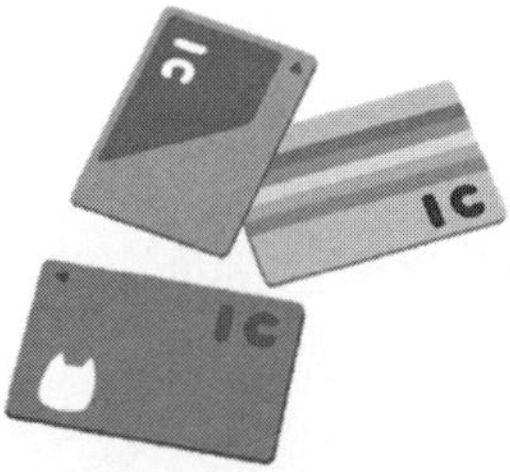

電子マネー決済

QRコード決済

③の医療・福祉系は、個人で営む医院、福祉施設等です。これらの業種は、保険診療に関わるものは請求方法が特殊なので、これらを意識した資料の収集を行う必要があります。

【個人医院（保険診療の場合）】

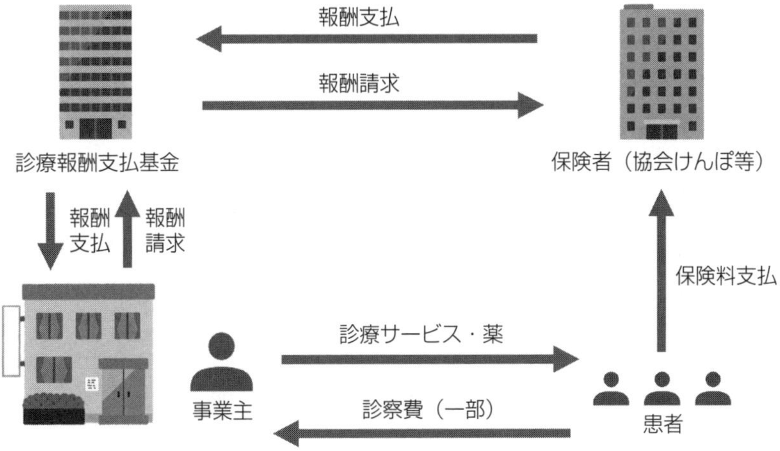

④の教育・学習系は、個人が行うお稽古教室や学習塾などです。従来は、自宅の一室を使う、事務所を借りるなどして生徒を募集する方法が一般的でした。

しかし、近年では、個人が固定の場所を持たずに気軽に「講師」・「先生」になれるサービスがあります。Webサイトに講師・先生として登録してセミナー内容を掲載すれば、集客などは運営する会社に任せることができます。この場合、運営会社には売上のうちの一定割合を手数料として支払う必要があります。

一方、自分のメディア（ホームページ、ブログ）やSNS、ネット広告等で直接集客する方法も近年増加しています。

場所に関しては、「レンタルスペース」（30分や1時間など、時間単位で借りられる多目的スペースのこと。会議などビジネス用途から、パーティーなどプライベートの用途まで幅広く使われている）という時間単位で借りられるサービスを利用することによって、少資本で講師業を始める人も増えています。

【レンタルスペースを使った講師業】

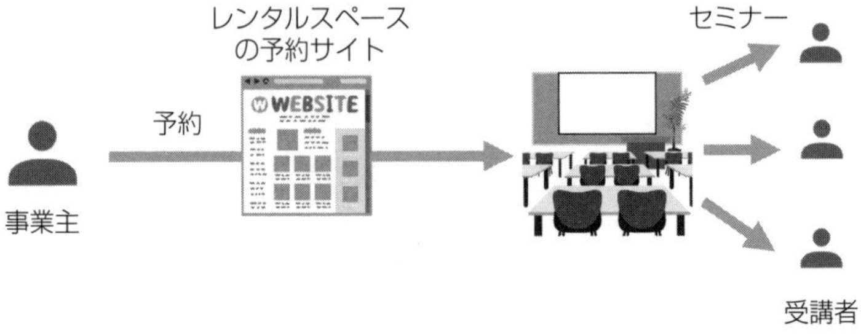

また、Web上でデジタルコンテンツ（音声や動画など、デジタル化された情報）を販売したり、オンラインセミナー（オンライン会議ツールなどを使ったインターネット上で行われるセミナー）を行うこともテクノロジーの発達により可能となり、個人の事業として人気です。

【オンラインセミナー】

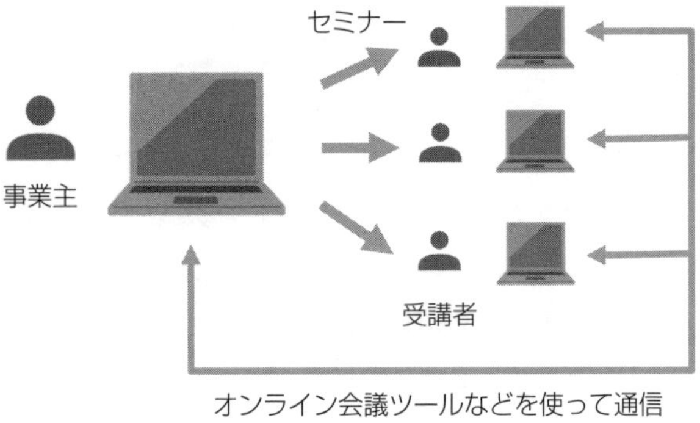

これらの業種で気をつけるべき点は、収益の計上時期です。授業料・受講料等は、毎月受け取るものからまとめて一定期間分受け取るものまでさまざまです。請求書等でサービスの提供期間を確認し、適切に売上計上する必要があります。

⑤のクリエイティブ系は、デザイナー、カメラマン、ライター、イラストレーター、プログラマーなど、以前より「フリーランス」と呼ばれて活動してきた人が該当します。

これらの業種で注意すべき点は、源泉徴収税額です。源泉徴収の対象となる場合、支払明細書や支払調書等の書類を確認し、適切な売上額を計上する必要があります。

この他、近年個人でできるサービスとして人気の業種がインターネットを通じて行う広告・請負業です。インターネットが爆発的に広がったことによって、個人でも気軽に広告・請負業を行えるようになりました。

インターネット広告業を行う人たちは、アフィリエイター、YouTuberと呼ばれます（自身のWebサイトや動画上に提携企業の広告を掲載し、広告収入を得る人のこと）。アフィリエイターは、自分のサイトに広告を貼ることによって、その広告を通じて訪問者が商品を購入したときに、報酬を受け取ることができます（成果報酬型）。また、サイト訪問者が広告をクリックするだけで報酬が発生する仕組みもあります（クリック型）。このとき報酬を支払うのは広告主ではなく、ASP（Affiliate Service Providerの略。広告主とアフィリエイターを仲介する事業者）と呼ばれる会社となります。

【アフィリエイター】

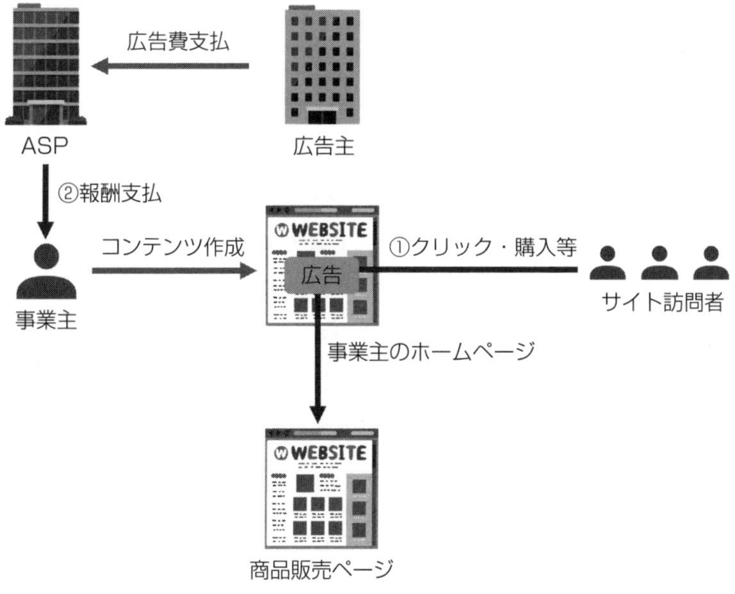

YouTuberの場合も仕組みは同じで、自分が作成した動画に広告を挟むことに

よって、その広告が視聴者に視聴・クリック等されるなどして報酬が発生する仕組みです。

【YouTuber】

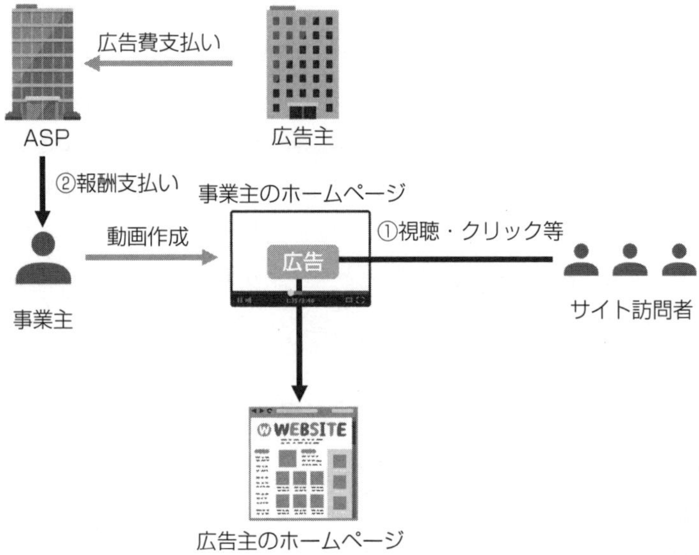

これらのインターネット広告業の場合、売上管理は Web 上から行うことになります。データまたは印刷したものをもらって適切に売上計上する必要があります。

次に、インターネットを通じて個人で行う請負業（クラウドソーシング）を説明します。クラウドソーシングとは、インターネット上で、仕事を依頼したい人と仕事を受けたい人がマッチングし、仕事の受発注・納品・報酬支払いを完結する仕組みです。個人が今までの経験やスキルを活かして時間と場所に縛られずに働くことができる、会社員の副業としても人気です。

【クラウドソーシング】

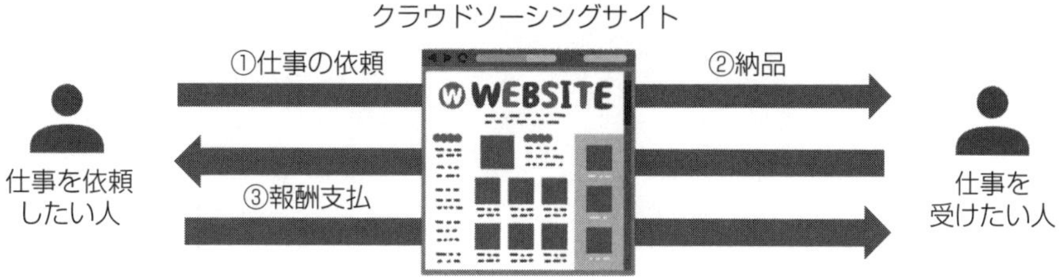

クラウドソーシング業の場合、クラウドソーシングサイトを運営する会社から発行される支払明細書が売上を確認する書類となります。経費、源泉所得税に気を付けて処理する必要があります。

以上、個人事業主・フリーランスを大きく４つに分類してそれぞれ概要と留意点を紹介しました。これらの分類を意識しながら、確定申告の流れと必要書類を確認していきます。

第2章

確定申告の流れ

本章では、確定申告の流れと、必要な書類を簡単に確認します。なお、基本的にはクライアントの方では何も記帳していない、いわゆる丸投げの状態を想定しています。

1　確定申告の全体の流れを確認する

確定申告は、細かい作業が多く、事前に全体の流れを大まかに確認しておくことが重要です。「何を、いつまでに準備してもらうか」を事前に固められるかが確定申告を効率的に進めるためのカギです。

一般的な確定申告の流れは、以下のとおりです。

【確定申告の全体の流れ】

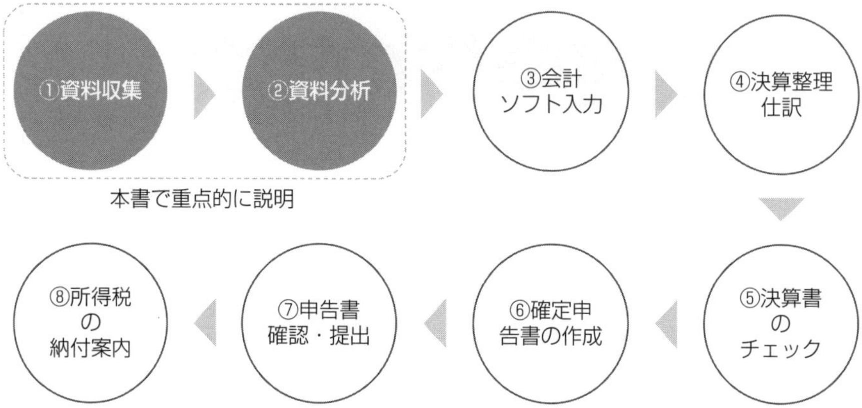

1　資料収集

確定申告に必要な資料をクライアントに準備してもらいます。確定申告において一番重要な部分です。これがスムーズにできれば、その後の作業を効率的に進めることができるはずです。本書では、必要資料の収集について紙面を割いて詳しく説明します。

資料を効率的に集めるためには、事前にチェックリストをクライアントに送付またはヒアリングを行い漏れなく収集することが大切です。一般的には以下の書類が確定申告に必要となります（詳細については、第３章で説明します）。

(1) 確定申告のための基礎書類

・前年度の確定申告書の控え

・各種届出書の控え

・マイナンバーカードまたはマイナンバー通知カード及び身分証明書のコピー

・利用者識別番号（取得している人の場合のみ）

(2) 決算書を作るために必要な書類

・売上の金額がわかる書類

・仕入の金額がわかる書類

・原価・在庫の金額がわかる書類

・経費の金額がわかる書類

・現預金残高がわかる書類

・固定資産の減価償却をするための書類

・家事按分の割合がわかる書類

(3) 確定申告書を作るために必要な書類

・事業所得以外の所得の金額がわかる書類

・所得控除の証明書類

・税額控除の証明書類

実際は、そのクライアントの業種に合った質問と資料依頼リストを作成し、状況に応じて送付またはヒアリングをします。このリストの例は次の章で紹介します。

2　資料分析

クライアントから集めた資料について、「どの数字を使うか」、「不足している情報はないか」といった分析を行います。

本書ではなるべく実際の様式を紹介し、見るべきポイントを説明しています。

3　会計ソフト入力

クライアントから資料を収集したら、その資料に基づき会計ソフトへデータ入力を行います。

このとき、データで収集している情報があれば、そのデータを活かして会計ソフトへインポートすることによって効率的に作業が進められます。そのため、なるべくクライアントからはデータで資料をもらうようにしましょう。

4　決算整理仕訳

一通り仕訳入力（インポート）が終わったら、必要に応じて下記の決算整理仕訳を入力します。

(1) 未決済売上

期末時点で確定はしているが、まだ入金のされていない売上について売掛金計上をしていきます。

この際、後に説明する売上を証明する書類（納品書、検収書、請求書等）を確認しながら入力をします。

(2) 未決済仕入・経費

売上と同様、期末時点で仕入または経費として確定しているがまだ支払っていないものについて、買掛金または未払金計上をしていきます。

この際、後に説明する仕入・経費を証明する書類（取引先から交付される納品書、検収書、請求書等）を確認しながら入力をします。

(3) 経過勘定項目

すでに入出金をしているが、来年以降の売上・経費となるものがあれば、前受金・前受収益・前払金・前払費用等の経過勘定項目で処理をします。

こちらも請求書や契約書等の書類を基に判断することになります。

(4) 原価と在庫

物を仕入れて売る業種、物を作って売る業種は、原価と在庫に関する決算整理仕訳も入力しなければなりません。

(5) 減価償却

固定資産がある場合には、固定資産に関する情報を収集したうえで減価償却費を計上する必要があります。

5　決算書のチェック

できあがった決算書について、実残高との照合や、全体チェックを行います。

6　確定申告書の作成

市販の税務ソフトや国税庁が運営するサイト等で、確定申告書の作成を行います。

7　申告書の確認・提出

クライアントへ最終の確定申告書、納税額（還付税額）の説明を行い、確認をしてもらったうえで、代理で提出します。

8　所得税の納付案内

クライアントに所得税の納付の案内をします。

以上が大まかな確定申告の流れとなります。

第3章

必要資料の収集・分析

本章では、決算・申告を行うための具体的な必要資料の収集と分析の説明に入ります。

1 質問及び資料依頼リストの作成

効率よく必要資料を収集するために、まずはクライアントへの質問及び資料依頼リストを作りましょう。このとき下記に気を付けます。

1 なるべく専門用語を使わない

リストには、なるべく専門用語を使わないようにしましょう（例えば「証憑」など）。税理士にとっては当たり前の用語でも、クライアントにとっては初めての確定申告で専門用語を見ただけでとまどってしまうかもしれません。

2 クライアントの業種・状況に合った資料を依頼する

定形のリストをそのまま作成するのではなく、そのクライアントの業種や状況に合ったものを作成しましょう。

例えば、サービス業を行う個人事業主・フリーランスにとっては、在庫や売上原価に関わる資料は不要ですので、混乱を避けるためにもそのような項目は削除して送りましょう。

3 資料の具体例を書いて送る

依頼する資料は、なるべく具体例を書いて送るとクライアントも資料を用意しやすいです。

例えば、「売上の金額が分かる書類」はすべての業種で必要となるものですが、現金販売の飲食店であればレジのロールペーパーやPOSレジのデータになりますし、個人医院であれば窓口収入明細、診断報酬明細（レセプト）等となるでしょう。

クライアントは「何が確定申告に必要なのか」をイメージできない場合も多いので、具体例を書いて送ると資料の準備もスムーズにしてもらえるはずです。

参考までに、資料依頼リストのフォーマットを次に作成しました。自分のクライアントの業種や状況に合わせて適宜修正して使用してください。

なお、このリストでは網羅できない情報もあるので、特に初めてのクライアントはこのリストに基づいてより詳しくヒアリングすることをおすすめします。

質問＆資料依頼リスト

①　すべての方にご提出いただきたいもの
以下につきましては、すべての方がご準備ください。

区分	依頼資料	資料の例
確定申告の基礎資料	各種届出書の控	▫開業届
		▫所得税・消費税の納税地の変更に関する届出書
		▫所得税の青色申告承認申請書
		▫給与支払設置事務所等の開設届
		▫源泉所得税の納期の特例の承認に関する申請書
	マイナンバー情報	次のいずれか ▫マイナンバーカード ▫マイナンバー通知カード＋身分証明（免許証等）

②　所得税額計算のためにご提出いただきたいもの
以下につきましては、質問に対して「YES」に該当する項目のみご準備ください。
なお、データ（PDF、Excel 等）で準備できるものはデータでいただければ幸いです。

区分	質問	YES/NO	依頼資料	資料の例
確定申告の基礎資料	前年に、確定申告をしていますか？		前年度の確定申告書の控	▫確定申告書第一表、第二表 ▫青色申告決算書 ▫その他明細書、添付書類　等
	電子申告に必要な利用者識別番号（ID）を取得していますか？		利用者識別番号とパスワード	▫利用者識別番号の通知 ▫税務署から届く確定申告のお知らせのはがき
事業所得	事業による収入がありますか？		売上の金額がわかる書類	▫納品書、検収書、作業完了報告書、請求書の控 ▫得意先から送られてくる支払明細書 ▫レジのロールペーパー、POS レジの明細 ▫窓口収入明細、診療報酬明細（レセプト） ▫社会保険料支払基金からの振込通知書 ▫契約書 ▫家賃送金明細書 ▫クレジットカード・電子マネー決済の明細 ▫ Web から出力される売上レポート ▫その他売上の内容・金額がわかる書類・データ
			仕入の金額がわかる書類	▫仕入先から交付される納品書、検収書、請求書等
			在庫の金額がわかる書類	▫在庫表

			経費の金額がわかる書類	▫領収書・レシート ▫取引先から送付された請求書 ▫ネット通販の購入明細書・購入完了メール ▫経費精算書（交通費、宿泊費等の精算書） ▫出金伝票（領収書が発行されない経費を証明する書類） ▫賃金台帳（従業員ごとの賃金明細） ▫工事台帳（工事ごとの経費がわかる書類） ▫クレジットカード、電子マネーの利用明細 ▫その他経費の内容・金額がわかる書類・データ
			固定資産（10万円以上の資産）がわかる書類	▫資産の種類、取得年月日、事業供用日、耐用年数等を一覧にしたもの（固定資産台帳）
			家事按分の情報	▫事業、プライベート兼用費用について以下の情報を教えてください。 ▪自宅兼事務所（賃貸・持ち家）の事務利用割合（面積等によって按分） ▪水道光熱費の事業利用割合（面積等によって按分） ▪通信費の事業利用割合（使用時間等によって按分） ▪その他事業・プライベート兼用費用の内容と、事業利用割合
			現金残高がわかる書類	▫現金出納帳（現金の入出金を日付ごとに記録したもの）
			預金残高がわかる書類	▫通帳、インターネットバンキングの明細
利子所得（海外口座）	海外の銀行口座で利子を得ていますか？		海外の金融機関の口座で受けた利子の金額がわかる書類	▫海外の取引金融機関から交付される取引明細
利子所得（特定公社債等）	特定公社債等(注)の利子を得ていますか？ （注）特定公社債とは、以下のものをいいます。 ①国債、地方債、外国国債、外国地方債 ②会社以外の法人が発行する債券 ③公募公社債、上場公社債　等		特定公社債等の利子の金額がわかる書類	▫証券会社から交付される特定口座年間取引報告書 ▫利子等の支払通知書（計算書）
配当所得	剰余金の配当、利益の配当、剰余金の分配、基金利息並びに投資信託等による収入はありますか？		配当収入がわかる資料	▫証券会社から交付される特定口座年間取引報告書 ▫配当元から交付される配当等支払通知書
配当所得（負債利子）	配当所得があるとお答えした方にお聞きします。配当所得を得るために、金融機関から借入れを行っていますか？		負債の利子がわかる書類	▫金融機関から発行される交付される借入金の元金・利息返済予定表

不動産所得	事業所得となる不動産貸付(注)以外の不動産貸付による収入はありますか？ （注）事業所得となる不動産貸付とは、以下のいずれかに該当するものをいいます。 ①貸間、アパート等については貸与することができる独立した室数が10以上であること ②独立家屋の貸付けについては、おおむね５棟以上であること		不動産の収入がわかる書類	▫管理会社より送付される家賃送金明細書 ▫家賃の振込みがあったことを示す通帳 ▫契約書・賃借人リスト ▫その他不動産の収入がわかる書類
			不動産の経費がわかる書類	▫固定資産税、管理費、修繕費、損害保険料、借入金利子等の経費の金額がわかる領収書、請求書、通帳等
給与所得	会社から給料収入がありましたか？		給与所得の金額がわかる書類	▫給与所得の源泉徴収票
退職所得	会社から退職手当等の収入がありましたか？		退職所得の金額がわかる書類	▫退職所得の源泉徴収票
山林所得	山林の伐採または売却による収入がありましたか？		山林所得の収入がわかるもの	▫伐採や売却をした山林の登記簿謄本、売買契約書等
			山林所得の経費がわかるもの	▫山林を購入したときの価額がわかる売買契約書 ▫取得価額以外にかかった経費（管理費、伐採費、育成費等）がわかる請求書、領収書等
譲渡所得（土地・建物以外の資産）	土地・建物以外の資産（生活に通常必要となるものを除く）を売却しましたか？		売却収入、取得したときの金額、売却費用がわかるもの	▫資産を売却した際に締結した売買契約書等 ▫資産を購入した際の売買契約書、売却のためにかかった費用に関する領収書等
譲渡所得（土地・建物）	土地・建物を売却しましたか？		売却収入、取得したときの金額、売却費用がわかるもの	▫土地・建物を売却した際に締結した売買契約書等 ▫売却した土地・建物を購入した際の売買契約書、売却のためにかかった費用に関する領収書等
譲渡所得（株式）	株式を売却しましたか？		株式の売却収入がわかるもの	▫特定口座年間取引報告書 ▫株式の売買契約書
一時所得	事業活動以外で臨時的な収入（資産の売却を除く）がありましたか？ （例）法人からの贈与、生命保険金の一時金、懸賞金、競馬の馬券の払戻金など		一時所得の金額がわかるもの	▫法人からの贈与があったことがわかる贈与契約書 ▫生命保険契約等の一時金の支払調書 ▫懸賞金の金額の明細書 ▫競馬馬券の払戻金の明細書
雑所得（公的年金等）	年金収入はありましたか？		公的年金等の収入がわかるもの	▫公的年金等の源泉徴収票

雑所得（本業以外の収入）		本業とは別に副業収入はありましたか？ （例）原稿料、印税、ネットビジネス（アフィリエイト等）、民泊による収入		本業以外の収入がわかるもの	▫入金に使った通帳、インターネットバンキングの明細 ▫原稿料や印税に係る支払調書 ▫請求書の控 ▫得意先から送られてくる支払明細書 ▫契約書 ▫民泊代行会社から送られてくる家賃送金明細書 ▫クレジットカード・電子マネー決済の明細 ▫ Web から出力される売上レポート ▫その他売上の内容・金額がわかる書類・データ
				本業以外の経費がわかるもの	▫出金に使った通帳、インターネットバンキングの明細 ▫領収書・レシート ▫取引先から送られてきた請求書 ▫ネット通販の購入明細書・購入完了メール ▫経費精算書（交通費、宿泊費等の精算書） ▫出金伝票（領収書が発行されない経費など） ▫クレジットカード、電子マネーの利用明細 ▫その他経費の内容・金額がわかる書類・データ
雑所得（仮想通貨）		仮想通貨の取引を行いましたか？		仮想通貨の所得がわかるもの	▫仮想通貨取引所の取引データ ▫年間取引報告書
雑所得（FX）		FX（外国為替証拠金取引）を行いましたか？		FX の所得がわかるもの	▫証券会社等から交付される年間損益報告書
所得控除	生命保険料控除	保険料または掛金を支払いましたか？		生命保険料の支払額がわかるもの	▫生命保険料控除証明書
	社会保険料控除	自身または家計が一緒の配偶者その他の親族が払うべき社会保険料を支払いましたか？		社会保険料の支払額がわかるもの	▫国民健康保険料（税）の納入証明書または領収書 ▫国民年金保険料控除証明書
	医療費控除	自身または家計が一緒の配偶者その他の親族の医療費を支払いましたか？ （医療費の例）診療または治療費、これらに必要な医薬品の購入、交通費、入院の部屋代等		医療費の支払額がわかるもの	▫医療費の領収書（タクシー代等、領収書が出ないものはメモ書）または Excel 等で医療費を集計した表
	地震保険料控除	自身または家計が一緒の配偶者その他の親族の居住用家屋または生活に必要な動産について地震保険料を支払いましたか？		地震保険料の支払額がわかるもの	▫地震保険料控除証明書
	寄附金控除（ふるさと納税等）	国または地方公共団体に対して寄附しましたか？		寄附した金額がわかるもの	▫寄附金受領証明書
	配偶者控除 配偶者特別控除	配偶者がいる場合、配偶者に収入はありますか？		配偶者の収入がわかるもの	▫配偶者の源泉徴収票等

所得控除	小規模共済掛金等控除	以下の掛金の支払をしていますか？ ・小規模企業共済法に規定する掛金 ・確定拠出型の企業年金または個人型年金（iDeCo） ・地方公共団体が実施する心身障害者扶養共済制度に基づく掛金		小規模企業共済掛金等の支払額がわかるもの	▫掛金払込証明書
	雑損控除	災害、盗難または横領によって自身または家計が一緒の配偶者その他の親族が有する資産について損害を受け、やむを得ない支出をしましたか？		やむを得ない支出額がわかるもの	▫災害、盗難または横領等による支出額額がわかる領収書、請求書、通帳等
	寡婦（夫）控除	配偶者と死別しもしくは離婚して再婚をしていない、または配偶者の生死が明らかでない状態ですか？		特になし	特になし
	勤労学生控除	以下のいずれかに該当しますか？ ・学校教育法に規定する学校の学生である。 ・専修学校等の生徒で、職業に必要な技術の取得に必要な課程を履修している。 ・職業訓練法人の行う認定職業訓練を受け、一定の課程を履修している。		勤労学生であることを証明する書類	▫専修学校の長等から交付を受けた在学証明書等
	扶養控除	配偶者以外で、扶養している（生活を支えている）親族はいますか？		扶養親族の氏名、生年月日、マイナンバー、収入情報	▫扶養親族のマイナンバーカードまたはマイナンバー通知カード＋身分証明書（免許証等） ▫扶養親族の収入の有無、有の場合には収入の情報
	扶養控除（国外居住親族）	扶養している（生活を支えている）親族で、国外に居住している方はいますか？		親族であること、送金をしたことを証明するもの	▫親族関係書類 以下のいずれかの書類 ▪戸籍の附票の写し及び扶養親族の旅券の写し ▪外国政府等が発行した書類（扶養親族の氏名、生年月日及び住所の記載があるもの） ▫送金関係書類 外国の扶養親族に送金したことがわかる書類 （例）外国送金依頼書の控え、クレジットカードの利用明細書等

税額控除	住宅借入金等特別控除	今年、住宅を新築、購入、増改築等をしましたか？		新築、購入、増改築等した物件の情報	▫適用要件チェックシート ▫購入した建物、土地の登記事項証明書 ▫購入した建物、土地の不動産売買契約書（請負契約書） ▫住宅取得資金に係る借入金の年末残高証明書 ▫（一定の耐震基準を満たす中古住宅の場合）耐震基準適合証明書または住宅性能評価書 ▫（認定長期優良住宅の場合）認定長期優良住宅建築証明書 ▫（認定低炭素住宅の場合）認定低炭素住宅建築証明書
		前年に住宅借入金等特別控除を受けていますか？		住宅ローンの情報	▫住宅取得資金に係る借入金の年末残高証明書
	政党寄附金控除	政党または政治資金団体に対して寄附をしましたか？		寄附した金額がわかるもの	▫寄附金（税額）控除のための書類
	認定NPO法人等寄附金特別控除	特定認定非営利活動法人（認定NPO法人）に対して寄附をしましたか？		寄附した金額がわかるもの	▫寄附金受領証明書
	公益社団法人等寄附金特別控除	公益社団法人等(注)に対して寄附をしましたか？ (注) 公益社団法人等とは、次に掲げる機関をいいます。 ・公益社団法人及び公益財団法人 ・学校法人 ・社会福祉法人 ・更生保護法人 ・国立大学法人、公立大学法人、独立行政法人等		寄附した金額がわかるもの	▫寄附金受領証明書 ▫所轄庁のその法人が税額控除対象法人であることを証する書類の写し
	外国税額控除	外国において、課された税金はありますか？		外国で課された税金の内容・金額がわかるもの	▫外国の金融機関から発行される利息・配当に係る収入・税金の明細 ▫外国で提出した申告書の控

③　その他の質問

作業の参考にさせていただきますので、以下の質問にお答えください。

項目	質問	回答
売上の計上基準	売上はいつ認識していますか？売上時に作成する書類（出荷表・納品書等）がありましたら合わせて教えてください。 （例：物を出荷したとき・物を納品したとき・検収が完了したとき・作業が完了したときなど）	
売上代金の回収方法	売上代金はどのように回収していますか？該当するものすべてにチェックを入れてください。	□現金 □銀行振込 □自動引落 □クレジットカード決済 □電子マネー決済 □ QRコード決済
仕入・経費の支払方法	仕入・経費はどのように支払っていますか？該当するものすべてにチェックを入れてください。	□現金 □銀行振込 □自動引落 □クレジットカード決済 □電子マネー決済 □ QRコード決済

2 確定申告の基礎資料

まずは確定申告を行うにあたっての基礎資料をもらいましょう。

1　前年の確定申告書の控え

(1) 前年の確定申告書の控えをもらう理由

前年に確定申告を行っているクライアントであれば、前年の確定申告書の控えを必ずもらいましょう。

その理由は、次に説明するチェックポイントを確認して、おおよその作業量を見積もることができるからです。まずは、前年の確定申告書の控えを一旦もらって内容をざっとチェックしてみましょう。

(2) チェックするポイント

前年の確定申告書は、今年の確定申告書を作成するためのヒントが詰まっています。まずは次の項目を確認してみましょう。

第一表

FA0125

麹町 税務署長
令和＿年＿月＿日

令和 01 年分の所得税及び復興特別所得税の確定申告書B

住所（又は事業所 事務所 居所など）	〒123-4567 東京都千代田区霞が関3丁目1—2	個人番号	
		フリガナ	コクゼイ イチロウ
		氏名	国税 一郎
		性別	男
		職業	Webコンサルティング
		屋号・雅号	一郎チャンネル
		世帯主の氏名	国税 一郎
		世帯主との続柄	本人
令和 年 1月1日 の住所		生年月日	3 60.01.01
		電話番号（自宅・勤務先・携帯）	03 − 1234 − 5678
		整理番号	01234567

（単位は円）

種類 青色 分離 国出 損失 修正 特農の表示 特農

① 収入金額等	事業	営業等	㋐	9800000
	事業	農業	㋑	
	不動産		㋒	
	利子		㋓	
	配当		㋔	
	給与		㋕	2300000
	雑	公的年金等	㋖	
	雑	その他	㋗	1300000
	総合譲渡	短期	㋘	
	総合譲渡	長期	㋙	
	一時		㋚	
所得金額	事業	営業等	①	5500000
	事業	農業	②	
	不動産		③	
	利子		④	
	配当		⑤	
	給与	区分	⑥	1430000
	雑		⑦	700000
	総合譲渡・一時 ㋚＋{(㋘＋㋚)×½}		⑧	
	合計		⑨	7630000
② 所得から差し引かれる金額	社会保険料控除		⑩	338520
	小規模企業共済等掛金控除		⑪	360000
	生命保険料控除		⑫	80000
	地震保険料控除		⑬	15000
	寡婦、寡夫控除		⑭	0000
	勤労学生、障害者控除		⑮～⑯	0000
	配偶者(特別)控除	区分	⑰～⑱	380000
	扶養控除		⑲	0000
	基礎控除		⑳	380000
	⑩から⑳までの計		㉑	1553520
	雑損控除		㉒	
	医療費控除	区分	㉓	30000
	寄附金控除		㉔	28000
	合計 (㉑＋㉒＋㉓＋㉔)		㉕	1611520

③ 税金の計算	課税される所得金額 (⑨−㉕)又は第三表		㉖	000
	上の㉖に対する税額 又は第三表の㊺		㉗	861000
	配当控除		㉘	
		区分	㉙	
	(特定増改築等)住宅借入金等特別控除	区分	㉚	400000
	政党等寄附金等特別控除		㉛～㉝	
	住宅耐震改修特別控除 住宅特定改修・認定住宅新築等特別税額控除	区分	㉟～㊲	
	差引所得税額 (㉗−㉘−㉙−㉚−㉛−㉜−㉝−㉟−㊱−㊲)		㊳	461000
	災害減免額		㊴	
	再差引所得税額(基準所得税額) (㊳−㊴)		㊵	461000
	復興特別所得税額 (㊵×2.1%)		㊶	9681
	所得税及び復興特別所得税の額 (㊵＋㊶)		㊷	470681
	外国税額控除	区分	㊸	8829
④	源泉徴収税額		㊹	35634
	申告納税額 (㊷−㊸−㊹)		㊺	426200
⑤	予定納税額 (第1期分・第2期分)		㊻	150000
	第3期分の税額 (㊺−㊻)	納める税金	㊼	276200
		還付される税金	㊽	△
その他	配偶者の合計所得金額		㊾	
	専従者給与(控除)額の合計額		㊿	1800000
	青色申告特別控除額		51	650000
	雑所得・一時所得等の源泉徴収税額の合計額		52	7657
	未納付の源泉徴収税額		53	
	本年分で差し引く繰越損失額		54	
	平均課税対象金額		55	
	変動・臨時所得金額	区分	56	
延納の届出	申告期限までに納付する金額		57	00
	延納届出額		58	000

← 復興特別所得税額の記入をお忘れなく。

還付される税金の受取場所：銀行・金庫・組合・農協・漁協　本店・支店・出張所・本所・支所
郵便局名等　預金種類（普通・当座・納税準備・貯蓄）
口座番号・記号番号

整理欄：区分 A B C D E F G H I J K　異動 年 月 日　管理　名簿　補完　確認

⑥ 税理士署名押印・電話番号 − − ㊞　税理士法書面提出 30条 33条の2

第一表（令和元年分以降用）

（国税庁ホームページより筆者作成）

①　収入金額・所得金額

そのクライアントがどのように生計を立てているか、収入金額と所得金額を見て確認しておきます。

例えば「事業を行っている」と言っていたクライアントが、実は他の会社からも給与をもらっているケース、株式投資等の資産運用を行っているケース、事業レベルではない不動産賃貸業、副業を行っているケースもあります。第二表の所得の内訳の内容と金額は作業量の目安となりますので要チェックです。

②　所得から差し引かれる金額（所得控除）

収入・所得金額を確認したら、所得から差し引かれる金額（所得控除）もざっと確認しておきます。この部分はそのクライアントの個別の家庭事情を確認するときに有効です。

例えば、医療費控除が多い場合には本人または家族が持病を抱えているのかもしれません。医療費の集計に時間がかかる可能性があります。

節税を意識している個人事業主・フリーランスであれば、社会保険料控除の中に国民年金基金、小規模共済掛金等控除の中に個人型確定拠出年金（iDeCo）などが含まれている可能性が高いです。

家族を養っている人であれば生命保険料控除、持ち家を所有している人であれば地震保険料控除の金額が入っている可能性が高いのでこちらも金額を確認しておきます。

クライアントを含めた家族の状況を確認できる数字が、所得控除のうち、人的控除（人に関わる所得控除。寡婦・寡夫控除、勤労学生控除、障害者控除、配偶者（特別）控除、扶養控除）です。配偶者控除、扶養控除は第二表の氏名欄と併わせて確認します。

③　税額控除

第一表の右の箇所で、税額から差し引かれる税額控除が前年にないか確認します。

例えば、配当所得がある人であれば、配当控除の金額が入っている可能性があります。その他住宅ローン控除、政党等寄附金等特別控除、外国税額控除なども確認します。

④　源泉徴収税額

源泉徴収されている税額がないかも確認します。こちらに金額が入っている場合には、給与または年金所得がある、あるいは源泉徴収される報酬を得ているということがわかります。

⑤　予定納税額

予定納税額に金額が入っていれば、15万円以上の納税額が前々年にあったことがわかり、一定以上の水準の所得であることが判明します。

⑥　税理士署名押印欄

税理士署名押印の欄に税理士名が入っていないかも確認します。もし入っているようでしたら、前年の申告書の精度が一定以上であることがわかります。

第二表

■ 令和 01 年分の所得税及び復興特別所得税の確定申告書B

整理番号 01234567　FA0079 ■

住所 屋号：東京都千代田区霞が関3丁目1-2　一郎チャンネル

フリガナ 氏名：国税《コクゼイ》　一郎《イチロウ》

⑦ ○ 所得の内訳（所得税及び復興特別所得税の源泉徴収税額）

所得の種類	種目・所得の生ずる場所又は給与などの支払者の氏名・名称	収入金額	源泉徴収税額
	別紙のとおり	円	35,634 円
		㊹ 源泉徴収税額の合計額	35,634 円

⑧ ○ 雑所得（公的年金等以外）、総合課税の配当所得・譲渡所得、一時所得に関する事項

所得の種類	種目・所得の生ずる場所	収入金額	必要経費等	差引金額
雑	別紙のとおり	1,300,000 円	600,000 円	700,000 円

○ 特例適用条文等

平成31年2月1日居住開始（特定）

⑨ ○ 所得から差し引かれる金額に関する事項

⑩ 社会保険料控除 社会保険の種類	支払保険料	⑪ 小規模企業共済等掛金控除 掛金の種類	支払掛金
	338,520 円		360,000 円
合計	338,520	合計	360,000

⑫ 生命保険料控除			
新生命保険料の計	148,800 円	旧生命保険料の計	円
新個人年金保険料の計		旧個人年金保険料の計	
介護医療保険料の計	116,000		
⑬ 地震保険料控除 地震保険料の計	円	旧長期損害保険料の計	円

⑭ 本人に関する事項 ～ ⑮　□ 寡婦（寡夫）控除（□ 死別 □ 生死不明 □ 離婚 □ 未帰還）　□ 勤労学生控除（学校名　）

⑯ 障害者控除　氏名

⑰ 配偶者（特別）控除 ～ ⑱ 配偶者の氏名	生年月日	
国税花子	明・大・(昭)・平 63. 3. 3	☑ 配偶者控除　□ 配偶者特別控除
個人番号		国外居住

⑲ 扶養控除

控除対象扶養親族の氏名	続柄	生年月日	控除額
		明・大・昭・平 . .	万円
個人番号			国外居住
		明・大・昭・平 . .	万円
個人番号			国外居住
		明・大・昭・平 . .	万円
個人番号			国外居住
		⑲ 扶養控除額の合計	万円

㉒ 雑損控除 損害の原因	損害年月日	損害を受けた資産の種類など
	. .	
損害金額 円	保険金などで補塡される金額 円	差引損失額のうち災害関連支出の金額 円

㉓ 医療費控除 支払医療費等	130,000 円	保険金などで補塡される金額	円
㉔ 寄附金控除 寄附先の所在地・名称		寄附金	30,000 円

⑩ ○ 事業専従者に関する事項

事業専従者の氏名	個人番号	続柄	生年月日	従事月数・程度・仕事の内容	専従者給与（控除）額
国税二郎		弟	明・大・(昭)・平 62. 5. 5	12月	1,800,000 円
			明・大・昭・平 . .		
				㊿ 専従者給与（控除）額の合計額	1,800,000 円

⑪ ○ 住民税・事業税に関する事項

住民税	氏名	個人番号	続柄	生年月日	別居の場合の住所
同一生計配偶者				. .	
16歳未満の扶養親族	国税太郎		子	(平)・令 19. 4. 4	
				平・令 . .	
				平・令 . .	

給与・公的年金等に係る所得以外（令和2年4月1日において65歳未満の方は給与所得以外）の所得に係る住民税の徴収方法の選択：給与から差し引き ／ ○ 自分で納付

寄附金税額控除：都道府県、市区町村分（特例控除対象） 30,000 円／住所地の共同募金会、日赤支部・都道府県、市区町村分（特例控除対象以外）／条例指定分 都道府県・市区町村

配当に関する住民税の特例 円　非居住者の特例 円　配当割額控除額 750 円　株式等譲渡所得割額控除額 2,500 円

事業税				
非課税所得など	番号	所得金額 円	損益通算の特例適用前の不動産所得 円	前年中の開（廃）業 開始・廃止 月日
不動産所得から差し引いた青色申告特別控除額			事業用資産の譲渡損失など	他都道府県の事務所等

別居の控除対象配偶者・控除対象扶養親族・事業専従者の氏名・住所	氏名	住所	所得税で控除対象配偶者などとした専従者	氏名	給与 円	一連番号

第二表（令和元年分以降用）○第二表は、第一表と一緒に提出してください。○国民年金保険料や生命保険料の支払証明書など申告書に添付しなければならない書類は添付書類台紙などに貼ってください。

（国税庁ホームページより筆者作成）

第二表（続き）

所得の内訳書 （書き方については、控用の内訳書の裏面を読んでください。）

住所 東京都千代田区霞が関3丁目1－2

氏名 国税　一郎

（平成・令和 01年分）

提出用

所得の種類	種目	所得の生ずる場所又は給与などの支払者の住所・所在地、氏名・名称、電話番号	所得の基因となる資産の数量	収入金額（源泉徴収税額を差し引かれる前の収入金額）	源泉徴収税額	支払確定年月又は支払を受けた年月
利子・（配当）		国税証券株式会社証券東京都千代田区霞が関3丁目1－1本店（電話）		円 15,000	内 円 2,297	年 月
（配当）	株式の配当	○○International Co.,Ltd ○○Bank（電話）		154,000	0	
給与		国税株式会社 東京都千代田区霞が関3丁目1－1（電話）		2,300,000	25,680	
雑	仮想通貨	国税仮想通貨取引所 東京都千代田区霞が関3丁目1－2（電話）		1,300,000		
株式等の譲渡		計算明細書のとおり（電話）		250,000	7,657	
		（電話）				
		（電話）				

⑦の詳細

国民年金保険料や生命保険料の支払証明書など申告書に添付しなけ

（国税庁ホームページより筆者作成）

⑦　所得の内訳（所得税及び復興特別所得税の源泉徴収税額）

所得の内訳を見ることにより、源泉徴収される所得が把握できます。事業所得のほか、給与や配当、株式の譲渡等の所得、源泉徴収税額を確認しておきましょう。

⑧　雑所得（公的年金等以外）、総合課税の配当所得・譲渡所得、一時所得に関する事項

公的年金等以外の雑所得の有無を確認できる箇所です。

例えば、本業の他に副業収入があればこちらで内容を把握できます。仮想通貨の利益もここに記載されるはずなので有無を確認しましょう。場合によっては作業量が増えることが予想され、報酬の額にも影響する部分となります。

総合課税の配当所得・譲渡所得・一時所得の記載もあれば内容を確認しておきます。

⑨　所得から差し引かれる金額に関する事項

所得から差し引かれる金額（所得控除）について、ざっと内訳を確認しておきま

す。

社会保険料控除・生命保険料控除・地震保険料控除等は毎年そこまで内容が変わらないはずなので、ある程度必要な資料の目安ができます。

配偶者控除、扶養控除に氏名が記載されている場合には、これらの家族の分のマイナンバーも必要となるので資料依頼リストに加えましょう。

⑩ 事業専従者に関する事項

事業専従者に名前が入っている場合には給与が発生しているはずなので、専従者の名前と金額を確認しておきます。

⑪ 住民税・事業税に関する事項

所得税の確定申告と大きく関わる箇所ではありませんが、住民税・事業税に関する事項（16歳未満の扶養親族の存在等）もマイナンバーなど依頼資料に影響する箇所なので確認しておきましょう。

2 各種届出書の控え

以下の各種届出書の控えもなるべくもらうようにします。

(1) 開業届

個人事業主・フリーランスが開業したときに提出する書類です。

この開業届で確認したいのは以下の基本情報です。

① 納税地

個人事業主やフリーランスの場合、「納税地＝住所」となります。もし納税地が住所となっていない場合には、「所得税の納税地の変更に関する届出書」を提出しているはずですので、資料依頼リストで提出しているかの確認をしておきましょう。

② 氏名・生年月日・個人番号

念のため、マイナンバーカード・マイナンバー通知カードと照合しておきましょう。

③ 職業・屋号

これらは確定申告書の第一表に記載しますので確認しておきます。

(2) 所得税の青色申告承認申請書

所得税の青色申告を申請している場合には、青色申告承認申請書を提出しているはずですので、確認します。

この書類で確認したいのは、冒頭の一文にある「いつから」青色申告として申告できるのかということです。青色申告で、ということを聞いて申告書を作成した後、実は青色申告は来年からで、今年は白色申告だった…という失敗もありました。所得税の額に大きく影響する書類であるため、口頭ではなく書面で確認した方がよいでしょう。

(3) 給与支払事務所等の開設届

専従者や従業員に給与を支払っている場合には、給与支払事務所等の開設届を提出しているはずです。源泉所得税の納付をきちんと行っているかの確認のためにも、提出の有無は確認しておいた方がよいでしょう。

(4) 青色事業専従者に関する届出書

青色申告で専従者に給与を支払っている場合に提出する書類です。

専従者の名前、給与の額を確認しておきます。

(5) 源泉所得税の納期の特例の承認に関する申請書

源泉所得税を、毎月の納付ではなく、半年に1度（7月、1月）の納付とするために必要となるのが源泉所得税の納期の特例の承認に関する申請書です（ただし、給与の支給人員が常時10人未満である場合に限ります)。提出の有無を確認しておくと記帳がスムーズに進むでしょう。

原則として、提出した日の翌月に支払う給与から適用されますので、提出日を確認しておきます。

開業届

1	0	4	0

個人事業の開業・廃業等届出書

麹町　税務署長

平成 28 年 1 月 1 日提出

納税地	⊙ 住所地 ○ 居所地 ○ 事業所等（該当するものを選択してください。） （〒 234－5678）神奈川県横浜市中区山下町37－9 （TEL 045 － 123 － 4567）		
上記以外の住所地・事業所等	納税地以外に住所地・事業所等がある場合は入力してください。 （〒 123－4567）東京都千代田区霞が関3丁目1－2 （TEL 03 －1234 -5678）		
フリガナ 氏名	国税一郎《コクゼイ イチロウ》	生年月日	昭和 60 年 1 月 1 日生
個人番号	**** | **** | ****		
職業	Webコンサルティング	フリガナ 屋号	一郎チャンネル《イチロウチャンネル》

個人事業の開廃業等について次のとおり届けます。

届出の区分 （該当する文字を選択してください。）	☑ 開業 （事業の引継ぎを受けた場合は、受けた先の住所・氏名を入力してください。） 住所　　　　氏名 事務所・事業所の（ ○ 新設 ○ 増設 ○ 移転 ○ 廃止 ） ☐ 廃業 （事由） （事業の引継ぎ（譲渡）による場合は、引き継いだ（譲渡した）先の住所・氏名を入力してください。） 住所　　　　氏名
所得の種類	☐ 不動産所得　☐ 山林所得　☑ 事業(農業)所得　〔廃業の場合……○ 全部・○ 一部（　　　）〕
開業・廃業等日	開業や廃業、事務所・事業所の新増設等のあった日　平成 28 年 1 月 1 日
事業所等を新増設、移転、廃止した場合	新増設、移転後の所在地　　（電話）　－　－ 移転・廃止前の所在地
廃業の事由が法人の設立に伴うものである場合	設立法人名　　代表者名 法人納税地　　設立登記　令和　年　月　日
開業・廃業に伴う届出書の提出の有無	「青色申告承認申請書」又は「青色申告の取りやめ届出書」　⊙ 有 ○ 無 消費税に関する「課税事業者選択届出書」又は「事業廃止届出書」　○ 有 ⊙ 無
事業の概要 （できるだけ具体的に入力してください。）	

給与等の支払の状況	区分	従事員数	給与の定め方	税額の有無	その他参考事項
	専従者	1 人	月給	⊙ 有 ○ 無	
	使用人			○ 有 ○ 無	
				○ 有 ○ 無	
	計	1			

源泉所得税の納期の特例の承認に関する申請書の提出の有無	⊙ 有 ○ 無	給与支払を開始する年月日	平成 28 年 1 月 31 日

（国税庁ホームページより筆者作成）

所得税・消費税の納税地の変更に関する届出書

1	0	5	0

所得税 消費税の納税地の変更に関する届出書

【納税地を住所地から事業所等の所在地(又は事業所等の所在地から住所地)に変更する場合等】

麹町　税務署長

平成 28 年 1 月 1 日提出

納税地	◉ 住所地 ○ 居所地 ○ 事業所等（該当するものを選択してください。） （〒 234-5678）神奈川県横浜市中区山下町37−9 （TEL 045 - 123 - 4567）		
上記以外の住所地・事業所等	納税地以外に住所地・事業所等がある場合は入力してください。 （〒 123-4567）東京都千代田区霞が関3丁目1−2 （TEL 03 - 1234 - 5678）		
フリガナ 氏名	国税一郎《コクゼイ イチロウ》	生年月日	昭和 60 年 1 月 1 日生
個人番号	****	****	****
職業	Webコンサルティング	フリガナ 屋号	一郎チャンネル《イチロウチャンネル》

納税地を次のとおり変更したので届けます。

1　納税地

(1)　変更前の納税地　神奈川県横浜市中区山下町37−9　　住所・居所事業所等の区分　住所

(2)　変更後の納税地　東京都千代田区霞が関3丁目1−2　　住所・居所事業所等の区分　事業所等

2　居所又は事業所等の所在地を納税地とする ◉ ことを便宜とする ○ 必要がなくなった 事情

事業所を拠点に事業を行っているため。

3　事業所等の所在地及び事業内容

屋号等　一郎チャンネル　　所在地　東京都千代田区霞が関3丁目1−2　　事業内容　Webコンサルティング

屋号等　　　　所在地　　　　事業内容

4　その他参考事項

（国税庁ホームページより筆者作成）

所得税の青色申告承認申請書

			1 0 9 0

所得税の青色申告承認申請書

麹町　税務署長

平成 28 年 1 月 1 日提出

納税地	⊙ 住所地 ○ 居所地 ○ 事業所等（該当するものを選択してください。） （〒 234-5678）神奈川県横浜市中区山下町37－9 （TEL 045 － 123 － 4567）		
上記以外の住所地・事業所等	納税地以外に住所地・事業所等がある場合は入力してください。 （〒 123-4567）東京都千代田区霞が関3丁目1－2 （TEL 03 － 1234 －-5678）		
フリガナ 氏名	国税一郎《コクゼイ イチロウ》	生年月日	昭和 60 年 1 月 1 日生
職業	Webコンサルティング	フリガナ 屋号	一郎チャンネル《イチロウチャンネル》

平成 28 年分以後の所得税の申告は、青色申告書によりたいので申請します。

1　事業所又は所得の基因となる資産の名称及びその所在地（事業所又は資産の異なるごとに入力してください。）

名称 ＿＿＿＿＿＿　所在地 ＿＿＿＿＿＿

名称 ＿＿＿＿＿＿　所在地 ＿＿＿＿＿＿

2　所得の種類（該当する事項を選択してください。）

☑ 事業所得　☐ 不動産所得　☐ 山林所得

3　いままでに青色申告承認の取消しを受けたこと又は取りやめをしたことの有無

○ (1) 有　（☐ 取消し　☐ 取りやめ）令和 ＿ 年 ＿ 月 ＿ 日　⊙ (2) 無

4　本年1月16日以後新たに業務を開始した場合、その開始した年月日　令和 ＿ 年 ＿ 月 ＿ 日

5　相続による事業承継の有無

○ (1) 有　相続開始年月日 令和 ＿ 年 ＿ 月 ＿ 日　被相続人の氏名 ＿＿＿＿＿＿　⊙ (2) 無

6　その他参考事項

(1) 簿記方式（青色申告のための簿記の方法のうち、該当するものを選択してください。）

☑ 複式簿記　☐ 簡易簿記　☐ その他　（　　　　）

(2) 備付帳簿名（青色申告のため備付ける帳簿名を選択してください。）

☑ 現金出納帳	☑ 売掛帳	☑ 買掛帳	☑ 経費帳	☑ 固定資産台帳
☑ 預金出納帳	☐ 手形記入帳	☐ 債権債務記入帳	☑ 総勘定元帳	☑ 仕訳帳
☐ 入金伝票	☐ 出金伝票	☑ 振替伝票	☐ 現金式簡易帳簿	☐ その他

(3) その他

（国税庁ホームページより筆者作成）

給与支払事務所等の開設届

給与支払事務所等の 開設（○で囲む）・移転・廃止 届出書

※整理番号	

平成 28 年 1 月 1 日 **麹町** 税務署長殿 所得税法第230条の規定により次のとおり届け出ます。	事務所開設者	住所又は本店所在地	〒 234－5678 神奈川県横浜市中区山下町37－9 電話（ 045 ）123 － 4567
		（フリガナ）	コグゼイ イチロウ
		氏名又は名称	国税一郎
		個人番号又は法人番号	**** ｜ **** ｜ ****
		（フリガナ）	
		代表者氏名	

開設・移転・廃止年月日	平成 28 年 1 月 1 日	給与支払を開始する年月日	平成 28 年 1 月 31 日

○届出の内容及び理由

（該当する事項のチェック欄□に✔印を付してください。）

		「給与支払事務所等について」欄の記載事項：開設・異動前	異動後
開設	⦿ 開業又は法人の設立		
開設	○ 上記以外 ※本店所在地等とは別の所在地に支店等を開設した場合	開設した支店等の所在地	
移転	○ 所在地の移転	移転前の所在地	移転後の所在地
移転	○ 既存の給与支払事務所等への引継ぎ （理由）□ 法人の合併 □ 法人の分割 □ 支店等の閉鎖 □ その他（ ）	引継ぎをする前の給与支払事務所等	引継先の給与支払事務所等
廃止	○ 廃業又は清算結了 ○ 休業		
その他	○（ ）	異動前の事項	異動後の事項

○給与支払事務所等について

	開設・異動前	異動後
（フリガナ）		
氏名又は名称		
住所又は所在地	〒 － 電話（ ） －	〒 － 電話（ ） －
（フリガナ）		
責任者氏名		

従事員数	役員 人	従業員 1 人	（ ） 人	（ ） 人	（ ） 人	計 1 人

（その他参考事項）

税理士署名押印	

※税務署処理欄	部門		決算期		業種番号		入力		名簿等		用紙交付		通信日付印	年 月 日	確認印	
	番号確認		身元確認 □ 済 □ 未済		確認書類 個人番号カード／通知カード・運転免許証 その他（ ）											

27.06改正

（規格A4）

（国税庁ホームページより筆者作成）

青色事業専従者給与に関する届出書

税務署受付印	青色事業専従者給与に関する ◉届出 ○変更届出 書	1	1	2	0

麹町 税務署長

平成28年 1月 1日提出

納税地	○住所地・○居所地・○事業所等(該当するものを選択してください。) (〒 234 − 5678) 神奈川県横浜市中区山下町37−9 (TEL 045 - 123 - 4567)		
上記以外の住所地・事業所等	納税地以外に住所地・事業所等がある場合は記載します。 (〒 123 − 4567) 東京都千代田区霞が関3丁目1−2 (TEL 03 - 1234 - 5678)		
フリガナ	コクゼイ イチロウ	生年月日	○大正 ◉昭和 ○平成 ○令和 60年 1月 1日生
氏名	国税一郎 ㊞		
職業	Webコンサルティング	フリガナ	イチロウチャンネル
		屋号	一郎チャンネル

平成28年 1月以後の青色事業専従者給与の支給に関しては次のとおり ◉定めた ○変更することとした ので届けます。

1 青色事業専従者給与（裏面の書き方をお読みください。）

	専従者の氏名	続柄	年齢 / 経験年数	仕事の内容・従事の程度	資格等	給料 支給期	給料 金額（月額）	賞与 支給期	賞与 支給の基準（金額）	昇給の基準
1	国税二郎	弟	32歳 / 0年	撮影補助、週に3日程度従事	なし	月末	150,000円			使用人の昇給基準と同じ
2										
3										

2 その他参考事項（他の職業の併有等）

3 変更理由（変更届出書を提出する場合、その理由を具体的に記載します。）

4 使用人の給与（この欄は、この届出（変更）書の提出日の現況で記載します。）

	使用人の氏名	性別	年齢 / 経験年数	仕事の内容・従事の程度	資格等	給料 支給期	給料 金額（月額）	賞与 支給期	賞与 支給の基準（金額）	昇給の基準
1			歳 / 年				円			
2										
3										
4										

※ 別に給与規程を定めているときは、その写しを添付してください。

（国税庁ホームページより筆者作成）

源泉所得税の納期の特例の承認に関する申請書

源泉所得税の納期の特例の承認に関する申請書

※整理番号	

平成 28 年 1 月 1 日 麹町　　税務署長殿	（フリガナ）	コクゼイ イチロウ
	氏名又は名称	国税一郎
	住所又は 本店の所在地	〒 234 － 5678 神奈川県横浜市中区山下町37－9 電話　045 － 123 － 4567
	（フリガナ）	
	代表者氏名	

次の給与支払事務所等につき、所得税法第２１６条の規定による源泉所得税の納期の特例についての承認を申請します。

給与支払事務所等に関する事項				
	給与支払事務所等の所在地 ※　申請者の住所（居所）又は本店（主たる事務所）の所在地と給与支払事務所等の所在地とが異なる場合に記載してください。	〒 123 － 4567 東京都千代田区霞が関3丁目1－2 電話　03 － 1234 － 5678		
	申請の日前６か月間の各月末の給与の支払を受ける者の人員及び各月の支給金額 ［ 外書は、臨時雇用者に係るもの ］	月　区　分	支給人員	支　給　額
		令和　年　月	外 人	外 円
		令和　年　月	外 人	外 円
		令和　年　月	外 人	外 円
		令和　年　月	外 人	外 円
		令和　年　月	外 人	外 円
		令和　年　月	外 人	外 円
	1　現に国税の滞納があり又は最近において著しい納付遅延の事実がある場合で、それがやむを得ない理由によるものであるときは、その理由の詳細 2　申請の日前１年以内に納期の特例の承認を取り消されたことがある場合には、その年月日			

税理士署名押印	

※税務署処理欄	部門		決算期		業種番号		入力		名簿		通信日付印	年　月　日	確認印	

24.12改正　　　　（源１４０１－１）

（国税庁ホームページより筆者作成）

3　マイナンバーカードまたはマイナンバーの通知カード

マイナンバーカードがあればそのコピーを、なければマイナンバーの通知カードと身分証明書のコピーをもらいます。

4　利用者識別番号

電子申告に必要である利用者識別番号をクライアントが持っている場合には、利用者識別番号を事前にもらいます。

確定申告書作成コーナー（国税庁運営の所得税の確定申告ができるサイト）で取得している場合には、次の通知書を保管しているかと思いますので、依頼します。

通知書がない場合には、「〇〇年分確定申告のお知らせ」という表題のはがきが届いているはずなので、聞いてみましょう。

このはがきには、青色申告であるかどうかと予定納税の額等も記載されています。ただ、利用者識別番号は書いてありますがパスワードはクライアントにしかわからないため、確認をする必要があります。

確定申告書作成コーナーから利用者識別番号を取得した場合の通知書

重　要　書　類

利用者識別番号等の通知

開始届出（個人の方用）　作成コーナー

国税　太郎　様

送信された内容を受け付けました。
受付番号：[redacted]
提出年月日：平成28年12月13日
提出先：所沢税務署

国税電子申告・納税システムへご登録いただき、ありがとうございました。

国税電子申告・納税システムをご利用いただくために必要な利用者識別番号と暗証番号は以下のとおりです。

利用者識別番号 （半角数字・１６桁）	[redacted]	[redacted]	[redacted]	[redacted]
暗証番号 （半角英数小文字）	[redacted]			

利用者識別番号と暗証番号について

※　お知らせした利用者識別番号及び暗証番号は、国税電子申告・納税システムを利用する際に必要なもの

（国税庁確定申告書作成コーナーより）

確定申告のお知らせのはがき

料金後納郵便

e-Taxでも書面でも
作成コーナーは自動で計算!

令和元年分
確定申告のお知らせ

重要

※ 確定申告書用紙の送付に代えて、
このお知らせをお送りしています。

100−0013
千代田区霞が関
3丁目1−1

国税　太郎　様

※ 確定申告に関する重要なお知らせです。必ずご本人様がご開封ください。

カスタマーバーコード

令和元年分確定申告書の受付期間及び納期限等

	申告書の受付期間	納期限 / 振替日（振替納税利用の場合）
所得税及び復興特別所得税	令和2年2月17日（月）〜令和2年3月16日（月）	令和2年3月16日（月） / 令和2年4月21日（火）
消費税及び地方消費税	令和2年1月〜令和2年3月31日（火）(12月31日の属する課税期間分を表示しています。)	令和2年3月31日（火） / 令和2年4月23日（木）

差出人
麹町税務署
100−0013
千代田区九段南
1丁目1番15号
九段第2合同庁舎
TEL ○○-○○○○-○○○○

JH2　0000000001

①裏面から開いてください。
②こちらからゆっくりはがして中をご覧ください。【重要】
OPEN

このお知らせは、国税庁ホームページの確定申告書等作成コーナーを利用された方や指導機関等を申告書を提出された方などへ申告書・決算書等の用紙に代えて送付しています。

令和元年分確定申告書の作成に必要な情報

国税　太郎 様

《電子申告（e-Tax）に関する事項》
○ 利用者識別番号

1234	1234	1234	1234

※上記の番号とご自身が設定したパスワードで、申告書等をe-Taxで送信できます。詳しくは裏面をご覧ください。

○ ダイレクト納付　利用あり
※ 利用金融機関については、e-Taxのメッセージボックスをご確認ください。

《所得税及び復興特別所得税に関する事項》
○ 申告の種類　青色
○ 予定納税額（合計）　253,400円
※ 記載漏れにご注意ください。
○ 振替納税利用　金融機関
国税銀行　財務支店

《消費税及び地方消費税に関する事項》
○「簡易課税制度選択届出書」の提出状況　提出あり
○「課税事業者選択届出書」の提出状況
○「課税期間特例選択届出書」の提出状況
○ 基準期間の課税売上高（年額）　12,000,000円
○ 中間納付税額（合計）　123,000円
○ 中間納付譲渡割額（合計）　432,100円
○ 振替納税利用　国税銀行
金融機関　財務支店

※ 「簡易課税制度選択届出書」を提出している方であっても、基準期間（前々年）の課税売上高が5,000万円を超える方は簡易課税制度が適用できませんのでご注意ください。
※ 届出書の提出状況については、届出書の提出がない場合又は令和元年分に適用がないと見込まれる場合に、「—」を表示しています。
※ 1月ごとの中間申告を行った方など中間納付税額が確定していない方は、中間納付税額及び中間納付譲渡割額欄が表示されません。
最終の中間申告分までの消費税額及び地方消費税額を合計し、申告書「10」欄及び「21」欄に記載してください。

（国税庁確定申告コーナーより）

3 青色申告決算書を作るために必要な書類

1 青色申告決算書とは

青色申告決算書とは、事業所得や不動産所得を計算するために用いる計算表のことです。青色申告を行っている個人事業主・フリーランスの確定申告を請け負う場合には、決算を確定し、青色申告決算書を作成する必要があります。

収入金額から、必要経費を差し引いたあとの所得金額を記載し、確定申告書に添付します。一般事業用（農業・不動産以外）の青色申告決算書の１枚目は損益計算書、２枚目は月別売上・仕入等の明細、３枚目は減価償却費等の明細、４枚目が貸借対照表・製造原価の計算書となります。

青色申告決算書を完成させるためには、第２章でも説明した通り大きく分けて次のものが必要になります。

- 売上の金額がわかる書類
- 仕入の金額がわかる書類
- 原価・在庫の金額がわかる書類
- 経費の金額がわかる書類
- 現金預金残高がわかる書類
- 固定資産の減価償却をするための書類
- 家事按分の割合がわかる書類

ひとつずつ見ていきましょう。

青色申告決算書

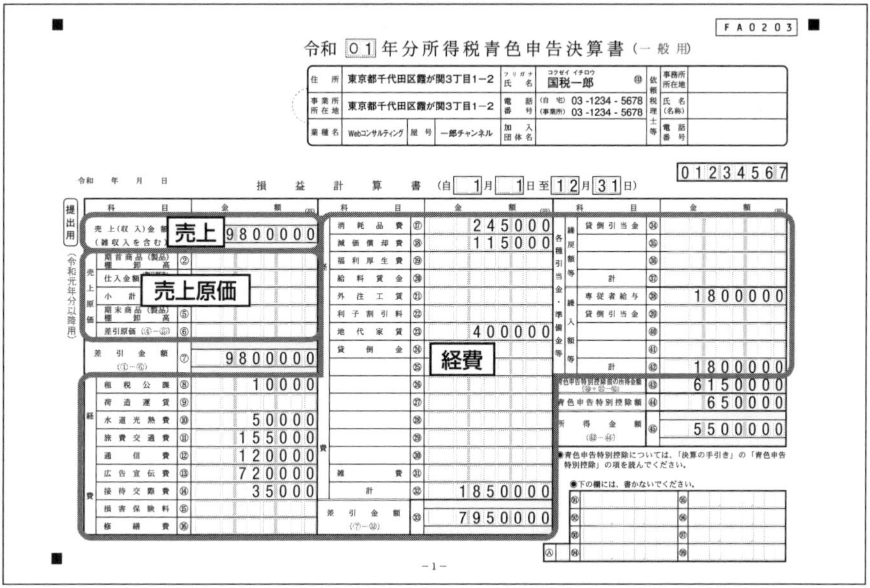

FA0203

令和 01 年分所得税青色申告決算書（一般用）

住所	東京都千代田区霞が関3丁目1−2	氏名《フリガナ》	国税一郎《コクゼイ イチロウ》 ㊞	依頼税理士等	事務所所在地
事業所所在地	東京都千代田区霞が関3丁目1−2	電話番号	（自宅）03-1234-5678 （事業所）03-1234-5678		氏名（名称）
業種名	Webコンサルティング	屋号	一郎チャンネル	加入団体名	電話番号

01234567

令和　年　月　日

損益計算書（自 1月 1日 至 12月 31日）

科目		金額（円）	科目		金額（円）	科目		金額（円）
売上（収入）金額（雑収入を含む）	①	9800000	消耗品費	⑰	245000	貸倒引当金	㉞	
期首商品（製品）棚卸高	②		減価償却費	⑱	115000		㉟	
仕入金額（製品製造原価）	③		福利厚生費	⑲			㊱	
小計	④		給料賃金	⑳		計	㊲	
期末商品（製品）棚卸高	⑤		外注工賃	㉑		専従者給与	㊳	1800000
差引原価（④−⑤）	⑥		利子割引料	㉒		貸倒引当金	㊴	
差引金額（①−⑥）	⑦	9800000	地代家賃	㉓	400000		㊵	
租税公課	⑧	10000	貸倒金	㉔			㊶	
荷造運賃	⑨			㉕		計	㊷	1800000
水道光熱費	⑩	50000		㉖		青色申告特別控除前の所得金額（⑬+㉛−㊷）	㊸	6150000
旅費交通費	⑪	155000		㉗		青色申告特別控除額	㊹	650000
通信費	⑫	120000		㉘		所得金額（㊸−㊹）	㊺	5500000
広告宣伝費	⑬	720000		㉙				
接待交際費	⑭	35000		㉚				
損害保険料	⑮		雑費	㉛				
修繕費	⑯		計	㉜	1850000			
			差引金額（⑦−㉜）	㉝	7950000			

●青色申告特別控除については、「決算の手引き」の「青色申告特別控除」の項を読んでください。

●下の欄には、書かないでください。

−1−

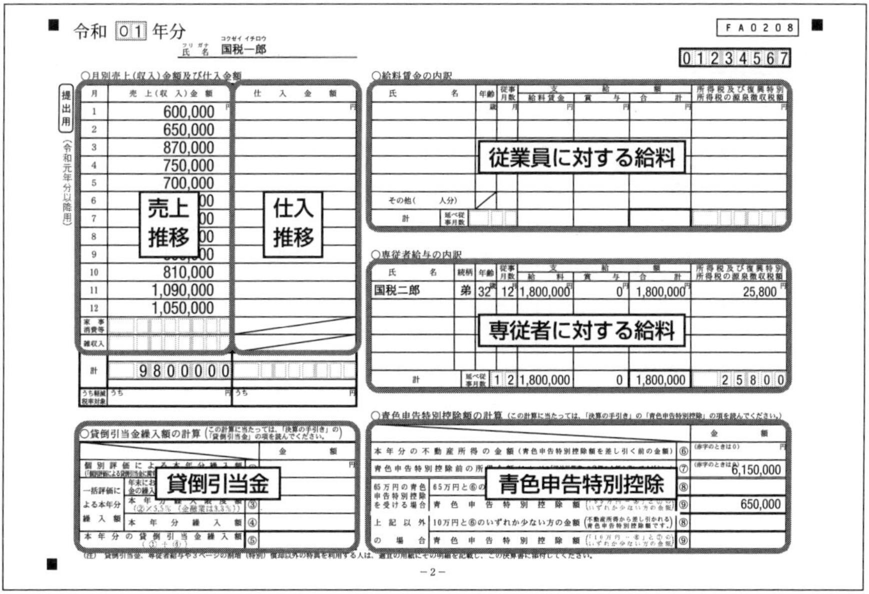

令和 01 年分

氏名《フリガナ》 国税一郎《コクゼイ イチロウ》

FA0208

01234567

○月別売上（収入）金額及び仕入金額

月	売上（収入）金額（円）	仕入金額（円）
1	600,000	
2	650,000	
3	870,000	
4	750,000	
5	700,000	
6	[illegible]00	
7	[illegible]00	
8	[illegible]00	
9	[illegible]00	
10	810,000	
11	1,090,000	
12	1,050,000	
家事消費等		
雑収入		
計	9800000	
うち軽減税率対象	うち　円	うち　円

○給料賃金の内訳

氏名	年齢	従事月数	支給額 給料賃金	賞与	合計	所得税及び復興特別所得税の源泉徴収税額
	歳	月	円	円	円	円
その他（　人分）						
計	延べ従事月数					

○専従者給与の内訳

氏名	続柄	年齢	従事月数	支給額 給料	賞与	合計	所得税及び復興特別所得税の源泉徴収税額
国税二郎	弟	32歳	12月	1,800,000円	0円	1,800,000円	25,800円
計		延べ従事月数	12	1,800,000	0	1,800,000	25800

○貸倒引当金繰入額の計算（この計算に当たっては、「決算の手引き」の「貸倒引当金」の項を読んでください。）

			金額
個別評価による本年分繰入額		①	円
一括評価による本年分繰入額	年末における一括評価による貸倒引当金の繰入れの対象となる貸金の合計額	②	
	本年分繰入限度額（②×5.5%（金融業は3.3%））	③	
	本年分繰入額	④	
本年分の貸倒引当金繰入額（③+④）		⑤	

○青色申告特別控除額の計算（この計算に当たっては、「決算の手引き」の「青色申告特別控除」の項を読んでください。）

			金額
本年分の不動産所得の金額（青色申告特別控除額を差し引く前の金額）		⑥	（赤字のときは0）円
青色申告特別控除前の所得金額		⑦	（赤字のときは0）6,150,000
65万円の青色申告特別控除を受ける場合	65万円と⑥のいずれか少ない方の金額	⑧	
	青色申告特別控除額（いずれか少ない方の金額）	⑨	650,000
上記以外の場合	10万円と⑥のいずれか少ない方の金額（不動産所得から差し引かれる青色申告特別控除額です。）	⑧	
	青色申告特別控除額（「10万円−⑧」と⑦のいずれか少ない方の金額）	⑨	

（注）貸倒引当金、専従者給与や3ページの割増（特別）償却以外の特典を利用する人は、適宜の用紙にその明細を記載し、この決算書に添付してください。

−2−

（国税庁ホームページより筆者作成）

青色申告決算書（続き）

○減価償却費の計算

(令和元年分以降用)

固定資産の減価償却

減価償却資産の名称等(繰延資産を含む)	面積又は数量	取得年月	㋑取得価額(償却保証額)	㋺償却の基礎になる金額	償却方法	耐用年数	㋩償却率又は改定償却率	㋥本年中の償却期間	㋭本年分の普通償却費(㋺×㋩×㋥)	㋬割増(特別)償却費	㋣本年分の償却費合計(㋭+㋬)	㋠事業専用割合	㋷本年分の必要経費算入額(㋣×㋠)	㋦未償却残高(期末残高)	摘要
ノートパソコン		年 月 31・4	230,000円 (　　)	円		年		月 /12	円	円	円	% 50.00	115,000円	円	措置法28の2
		・	(　　)					/12							
		・	(　　)					/12							
		・	(　　)					/12							
		・	(　　)												
		・	(　　)												
		・	(　　)					/12							
		・	(　　)					/12							
		・	(　　)					/12							
		・	(　　)					/12							
		・	(　　)					/12							
計													115,000		

○利子割引料の内訳（金融機関を除く）

利子の明細

支払先の住所・氏名	期末現在の借…	本年中の利子割引料	左のうち必要経費算入額
		円	円

○税理士・弁護士等の報酬・料金の内訳

報酬・料金の明細

支払先の住所・氏名	本年中の報…	左のうち必要…額	所得税及び復興特別所得税の源泉徴収税額
		円	円

○地代家賃の内訳

地代家賃の明細

支払先の住所・氏名	賃借物件	本年中の賃借料・権利金等	左の賃借料のうち必要経費算入額
国税不動産 ○県○市○区1−1−	国税マンション	権 更 円 …,000	円 400,000
		賃	

◎本年中における特殊事情

−3−

貸　借　対　照　表　（資産負債調）

(令和元年分以降用)

(令和　1年12月31日現在)

貸借対照表

資産の部 科目	1月1日(期首)	12月31日(期末)	負債・資本の部 科目	1月1日(期首)	12月31日(期末)
現金	円	円	支払手形	円	円
当座預金			買掛金		
定期預金			借入金		
その他の預金		5,922,900	未払金		340,000
受取手形			前受金		
売掛金		150,000	預り金		12,900
有価証券					
棚卸資産					
前払金					
貸付金					
建物					
建物附属設備					
機械装置					
車両運搬具			貸倒引当金		
工具 器具 備品					
土地					
			事業主借		
			元入金		
事業主貸		430,000	青色申告特別控除前の所得金額		6,150,000
合計		6,502,900	合計		6,502,900

製造原価の計算

(原価計算を行っていない人は、記入する必要はありません。)

製造原価

科目			金額
原材料費	期首原材料棚卸高	①	円
	原材料仕入高	②	
	小計（①+②）	③	
	期末原材料棚卸高	④	
	差引原材料費（③−④）	⑤	
労務費		⑥	
その他の製造経費	外注工賃	⑦	
	電力費	⑧	
	水道光熱費	⑨	
	修繕費	⑩	
	減価償却費	⑪	
		⑭	
		⑮	
		⑯	
		⑰	
		⑱	
		⑲	
	雑費	⑳	
	計	㉑	
総製造費（⑤+⑥+㉑）		㉒	
期首半製品・仕掛品棚卸高		㉓	
小計（㉒+㉓）		㉔	
期末半製品・仕掛品棚卸高		㉕	
製品製造原価（㉔−㉕）		㉖	

−4−

（国税庁ホームページより筆者作成）

2　売上の金額がわかる書類

業種を問わず、すべての個人事業主・フリーランスの確定申告に必要となるのが売上の金額がわかる書類です。

(1) 売上に関して事前に確認しておくこと

売上に関しては、以下の２つの情報も併せて確認しておくと記帳がスムーズです。

①　売上の計上基準

「何をもって売上を認識しているか」、つまり売上の計上基準を確認します。

例えば、物の製造販売でも、出荷時に売上計上するか、納品時（または検収時）に売上を計上するかでその年の売上額が変わる可能性があります。

一方、サービス業の場合、例えばフリーランスエンジニアが作業終了報告をもって売上を計上するのか、先方で作業確認が終わってから売上を計上するかでも、売上の額は変わってきます。

最初にこのような「売上計上基準」を確認しておくことによって、必要となる書類が明確になり、確定申告作業の負担が減ります。

【主な売上の計上基準】

売上の計上基準	主な業種	売上を計上するとき	必要資料（例）
出荷基準	小売業・卸売業・製造業	物を出荷したとき	出荷伝票
納品基準	小売業・卸売業・製造業	物が納品されたとき	納品書
検収基準	製造業	取引先が納品物を検収したとき	検収書
完成引渡基準	建設業	完成品を引き渡したとき	完成通知書・引渡書
部分完成基準	建設業	完成部分を引き渡したとき	完成通知書・引渡書
役務提供完了基準	サービス業	役務提供が完了したとき	作業完了報告書
契約基準	不動産賃貸業	契約や慣習により定められた支払日	契約書

②　決済の方法（決済サイト・決済の仕方）

もうひとつ、売上について確認しておいた方がよいのが、決済の方法です。

まずは入金条件です。例えば請求書発行の場合、当月末締・翌月末払いであれば、12月分の売上については未入金であるため、売掛金の計上が必要となることがわかります。逆に、翌月分の売上を前受する場合には、12月に前受している金額については今年分の売上からは除外しなくてはなりません。

次に決済の方法です。以下の方法が考えられます。

(ⅰ)現金でその場決済

小売店や飲食店に多い決済方法です。レジを利用している場合にはレジペーパーで取引が確認できます。「入金額＝売上額」となるので、比較的売上は把握しやすいでしょう。ただし現金の実残高と帳簿残高との照合が必要となります。

(ⅱ)請求書を発行して振り込んでもらう

対事業者向けのビジネスを行っている場合の一般的な決済方法です。請求書を発行して送る場合には、印刷して郵送するか、PDF等のファイルでメール添付して送るケースが考えられます。売上の計上時期と入金時期がずれるので、年末に未入金の売上について計上する必要があります。

(ⅲ)自動引落し

個人塾やお稽古教室、専門サービス業などに多い決済方法です。「入金額＝売上額」と必ずしもならないので注意が必要です。いつの料金がいつの引落しなのか、契約書等で事前に確認しておきましょう。

(ⅳ)クレジットカード・電子マネー・QRコード決済

小売店や飲食店、フリーランスに多い決済方法です。クレジットカード・電子マネー・QR決済代行業者から、手数料を差し引かれた額が入金される仕組みです。この方法も売上の計上時期と入金時期がずれるので、年末の未入金の売上の確認をします。

【クレジットカード・電子マネー決済代行業者の仕組み】

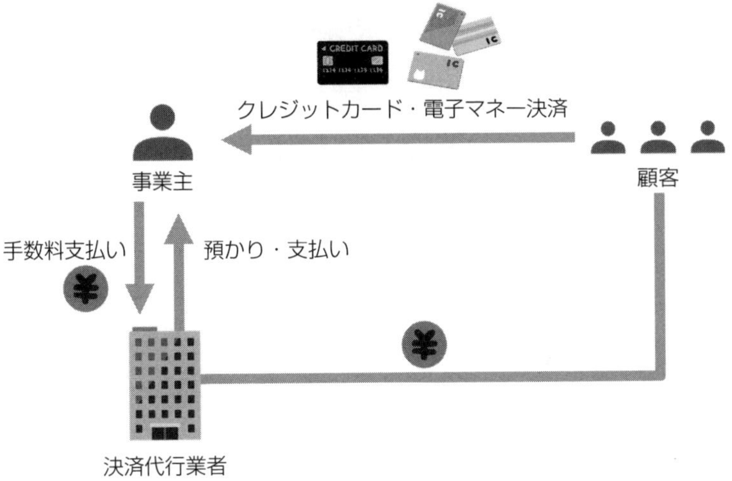

いずれの決済も、Webサイトから CSV ファイルなどのデータにしてダウンロードすることができますので、クライアントに依頼します。

以上２つの確認事項を、質問リストの中に加えておくとよいでしょう。

(2) 売上の金額がわかる書類の例

① 出荷伝票の控

出荷伝票は、「いつ物を出荷したか」の証明書類となります。出荷基準を採用している場合は、出荷伝票の日付で売上を計上します。

出荷伝票の例

出　荷　伝　票

〒 000-0000
東京都○○区○○0-0-0
株式会社いろは商事
御中

〒 000-0000
東京都千代田区霞が関3丁目1-2
○○○株式会社
TEL：03-1234-5678
FAX：
担当：国税一郎

一郎
チャンネル

注文番号：	＃999999
伝票番号：	＃001
出荷日：	2019 年 12 月 15 日

← 売上計上日

商品番号	商品名	数量	単位	単価	金額	備考
1234567890	SEO対策教材DVD	1	個	30,000	30,000	
				合計	30,000	

備考：

② 納品書の控

納品書は、「いつ物を得意先に引き渡したか」の証明書類となります。納品基準を採用している場合は、納品書の日付で売上を計上します。

月に何度も出荷・納品がある場合には、特に年末に関しては出荷・納品した物のみを売上に計上するよう注意を払う必要があります。

納品書の例

納品書

売上計上日

納品日 : 2019年12月31日

納品書番号 : 1

株式会社いろは商事 御中

下記の通り納品いたします。

小計	消費税	合計金額
250,000円	25,000円	275,000円

一郎チャンネル
〒123-4567
東京都 千代田区霞が関3丁目1－2
電話: 03-1234-5678

一郎

詳細	数量	単価	金額
コーポレートサイト紹介動画	1個	250,000	250,000

備考欄

③　検収書

主に製造業などで、取引先が「製品を検査し、使える状態になっているか」を確認した時点で発行される書類が検収書です。検収基準を採用している業種の場合に、売上を証明する書類となります。

こちらも、チェックするポイントは日付です。その年の12月31日以降の検収日付の検収書が混ざっていたら、それは来年以降の売上となりますので、今年の売上に含めないように気を付けます。

検収書の例

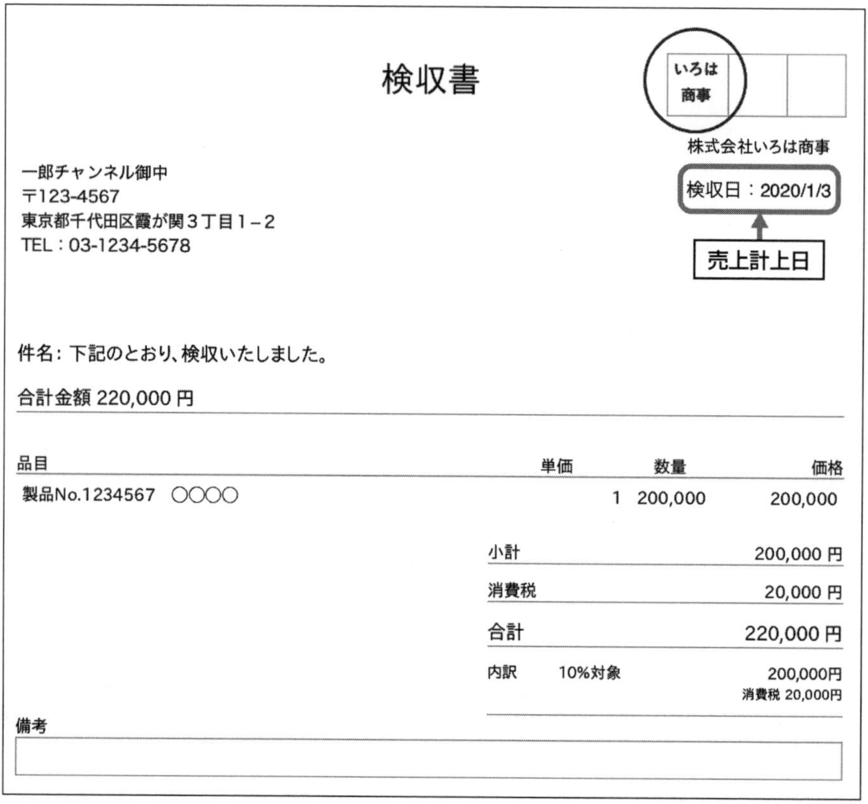

検収書

いろは商事

株式会社いろは商事

検収日：2020/1/3

売上計上日

一郎チャンネル御中
〒123-4567
東京都千代田区霞が関３丁目１－２
TEL：03-1234-5678

件名：下記のとおり、検収いたしました。

合計金額 220,000 円

品目	単価	数量	価格
製品No.1234567　○○○○	1	200,000	200,000

小計	200,000 円
消費税	20,000 円
合計	220,000 円
内訳　10%対象	200,000円 消費税 20,000円

備考

④　作業完了報告書の控

建設やシステム外注など、サービスを請け負った際の完了の証明として発行される書類です（名称は会社によってさまざまです）。「いつサービス（役務の提供）が完了したか」を証明する書類となります。特に年末から年明けに作業した部分については作業完了報告書を確認し、作業が完了しているものについて売上をもれなく計上する必要があります。

作業完了報告書の例

報告 No.　101

2019　年 12 月 30 日

作業完了報告書

株式会社いろは商事　様

東京都千代田区霞が関３丁目１－２

一郎チャンネル

一郎チャンネル

作業日時を確認

作業日時	2019 年 12 月 30 日 （月） 13 時 00分 ～ 17 時 00分
作業場所	貴社オフィス内
作業者	国税一郎
作業内容	社内クラウド構築作業
特記事項	全行程完了・動作問題なし

上記の通り、作業を行いましたので結果をご報告致します。

2019 年12月30日

お　客　様　広報担当○○様

作業担当者　国税一郎

⑤　請求書の控

納品やサービス提供が終わり、代金の支払いをお願いする書類となります。納品書や検収書等を発行していない場合には請求書をもって売上計上する方法が一般的です。こちらも見るポイントはいつの売上かということです。

特に年度をまたぐ時期の請求書については、請求内容を見て来年以降の売上にすべきものがないかを確認します。

請求書の例

請求書

株式会社いろは商事 御中

日付　:　2019年12月31日
請求書番号　:　8

一郎チャンネル
〒123-4567
東京都 千代田区霞が関3丁目1－2
電話: 03-1234-5678

下記の通りご請求申し上げます。

小計	消費税	合計金額
810,000円	81,000円	891,000円

振込期日	2020年02月29日
振込先	国税銀行　本店　普通預金 口座番号：********

詳細	数量	単価	金額
コーポレートサイト紹介動画作成（2019/12/25納品）	1個	250,000	250,000
オンラインセミナー受講料（2020/1～2020/12開催予定）	1個	560,000	560,000

今年の売上に含めず、次年度に繰越

備考欄
支払条件：月末締・翌々月末日までに振込払い
誠に恐れ入りますが、振込手数料は貴社にてご負担いただきますよう、お願いいたします。

⑥　支払明細書

請求する側が請求書等を発行せず、支払う側が「支払明細書」（名称は一例です）といった名称で書類を発行する場合もあります。主に個人のサービス業に多いケースです。

例えば第１章で紹介したクラウドソーシングは、クラウドソーシングサイトの運営会社から「○月分の売上のお知らせ」といった明細がメール等で来るので、金額を確認の上売上を計上していくことになります。

また、差し引かれている源泉所得税、経費等がある場合には、区分して経理します。

支払明細書の例

〒123-4567
東京都千代田区霞が関３丁目１−２

一郎チャンネル　御中

支払明細書

令和1年6月30日 締切分

〒***-****
○県○市○区○町1-1-1
いろはソーシング
代表取締役　いろは太郎
03-****-****

毎度ありがとうございます。
下記の通りお支払い申し上げます。

前月残高	当月支払高	調整額	繰越金額	当月仕入高	当月残高
				322, 430	322, 430

日付	品　名	数量	単位	単価	金額	備考
6月15日	●●商事　HP改修	1	件	200, 000	200, 000	
6月17日	▲▲株式会社　Webデザイン	1	件	150, 000	150, 000	
6月20日	■■株式会社　SEO記事作成	1	件	70, 000	70, 000	

小　計	420, 000	売上
消費税	42, 000	
システム手数料	▲92, 400	経費
源泉徴収税額	▲47, 170	源泉所得税
差引支払額	322, 430	

⑦　レジのロールペーパー

飲食店や個人医院等、その場でレジシステムを使って現金決済を行っている場合の売上を証明する書類です。会計をするためだけのシンプルな作りのレジもあります。

日次でロールペーパーの内容を現金出納帳に転記していることが多いので、現金出納帳と合わせて依頼するとよいでしょう。

⑧　POS レジのデータ

飲食店や小売店等で POS（Point Of Sales）レジを利用している場合には、お客様と金銭のやり取りをした時点でデータが記録されます。現金の他、クレジットカード、電子マネー等のデータも記録されます。

POS レジの場合には、データをそのまま受け取るようにします。CSV 形式のデータを加工することによって効率的に会計システムに取り込むことが可能です。なお最近は、会計システムと直接連携することによって売上データを取り込むことができるレジもあります。

⑨　診療報酬明細書（レセプト）・社会保険診療報酬支払基金等からの振込通知書

個人医院や整骨院などで社会保険診療報酬の売上を証明する書類です。

診療報酬明細書（レセプト）は、医療機関が健康保険組合等に提出する月ごとの明細です。レセプトは社会保険診療報酬支払基金が、正しいかを審査したうえで健康保険組合等へ請求し、支払われた医療費を医療機関へ支払うという流れです（第1章参照）。

売上の計上は診療が行われた時点ですので、年末はまだレセプトを発行していない場合でも、点数に基づいて診療報酬を計算し、売上に計上する必要があります。

なお、診療報酬の入金時には、差し引かれる金額もあるので注意が必要です。

例えば源泉徴収税額です。診療報酬支払確定額が20万円を超える場合、診療報酬支払確定額から 20 万円を控除した残額に 10.21 %（復興特別所得税含む）を乗じて算出した額が診療報酬支払確定額から差し引かれます。

その他、通知書発行手数料なども差し引かれている場合があるので、これらは別途支払手数料などで処理する必要があります。

診療報酬明細書（レセプト）

○診療報酬明細書
（医科入院外）

平成　年　月分

都道府県番号　医療機関コード

1 医科	1社国	3後期	1単独	2本外	8高外一
	2公費	4退職	2 2併	4六外	
			3 3併	6家外	0高外7

保険者番号		給付割合　10 9 8　7（ ）

公費負担者番号①	公費負担医療の受給者番号①
公費負担者番号②	公費負担医療の受給者番号②

被保険者証・被保険者手帳等の記号・番号

氏名

1男 2女　1明 2大 3昭 4平　．．生

職務上の事由　1職務上 2下船後3月以内 3通勤災害

特記事項

保険医療機関の所在地及び名称

（　床）

傷病名	診療開始日	転帰	診療実日数
(1)	(1) 年 月 日	治ゆ 死亡 中止	保険 日
(2)	(2) 年 月 日		公費① 日
(3)	(3) 年 月 日		公費② 日

区分	項目		点	公費分点数
11 初診	時間外・休日・深夜	回	点	
12 再診	再診	× 回		
	外来管理加算	× 回		
	時間外	× 回		
	休日	× 回		
	深夜	× 回		
13 医学管理				
14 在宅	往診	回		
	夜間	回		
	深夜・緊急	回		
	在宅患者訪問診療	回		
	その他			
	薬剤			
20 投薬	21 内服 薬剤	単位		
	21 内服 調剤	× 回		
	22 屯服 薬剤	単位		
	23 外用 薬剤	単位		
	23 外用 調剤	× 回		
	25 処方	× 回		
	26 麻毒	回		
	27 調基			
30 注射	31 皮下筋肉内	回		
	32 静脈内	回		
	33 その他	回		
40 処置		回		
	薬剤			
50 手術麻酔		回		
	薬剤			
60 検査病理		回		
	薬剤			
70 画像診断		回		
	薬剤			
80 その他	処方せん	回		
	薬剤			

療養の給付	請求 点	※決定 点	一部負担金額 円			
保険			減額 割(円)免除・支払猶予			
公費①	点	※ 点	円			
公費②	点	※ 点	円	※ 高額療養費 円	※公費負担点数 点	※公費負担点数 点

社会保険診療報酬支払基金の振込通知書

1　当座口振込通知書　（平成29年3月診療（5月支払分）～）

当座口振込通知書は、医療機関等から請求された診療報酬等について、審査等の結果、お支払いする金額及び内訳を表示しています。

当座口振込通知書（平成29年3月診療分）（平成29年4月提出分　出産育児一時金等）Ⓐ

Ⓑ

点数表	医療機関等コード	健診等機関コード
1	12-34567	89-1-12-34567

被振込銀行		
金融機関名	0000	○○銀行
支店名	000	××支店
預金種目	1	普通
口座番号	＊＊＊＊＊＊＊＊	

お受取人
〒001-0001
東京都港区○○○　1-1-1
○○○○　医院
基金　太郎
様

医）12－34567　健）89－1－12－34567　0（0000000）

Ⓒ

振込日　平成29年5月22日

ご指定の口座（受領委任の場合は受領者の指定する口座）に下記のとおり振り込みましたので通知します。

この通知書は所得税申告の際必要となりますので大切に保管ください。

社会保険診療報酬支払基金

Ⓓ 支払区分	Ⓔ 名称	Ⓕ 件数	Ⓖ 日数（回数）	Ⓗ 点数	診療報酬支払内訳 算定額	Ⓘ	Ⓙ 再審査等調整額		Ⓚ 端数額		Ⓛ 支払確定額
01	医療保険	16,345	31,445	114,855,544	957,062,489		-17,403,927				939,658,562
10	感染症結核	7	9	4,293	10,732	50				50	10,732
12	生活保護	936	2,688	11,027,509	111,450,224		-1,001,770				110,448,454
15	自立支援（更生）	63	117	2,142,346	11,071,269						11,071,269
18	原爆医療	14	107	2,053,513	815,888		-5				815,883
21	自立支援（通院）	3	3	1,688	14,164						14,164
23	母子保健	427	801	547,687	1,889,244		-102,150				1,787,094
25	中国残留	22	344	2,582,422	1,962,337		-120				1,962,217
38	肝炎	9	18	42,038	436,240						436,240
42	特例高齢者	28	64	499,023	431,189		-1,410				429,779
51	特定疾患	511	713	1,206,193	892,598		-3,366				889,232
52	小児慢性	422	1,398	8,196,327	10,228,551		-418,304				9,810,247
53	措置医療	137	959	5,903,320	5,055,323		-750				5,054,573
80	自治体医療	4	30	177,859	109,531						109,531
81	自治体医療	254	592	4,654,144	3,062,775		-556				3,062,219
82	自治体医療	36	59	123,926	223,157		-84				223,073
87	自治体医療	112	223	979,829	723,742		-10,000				713,742
88	自治体医療	2	3	1,448	2,896						2,896
93	自治体医療	1,010	1,786	8,159,711	8,134,613		-37,105				8,097,508
98	自治体医療	25	35	18,291	16,621	50				50	16,621
Ⓜ	合計	20,367	41,394	163,177,111	1,113,593,584		-18,979,547		1		1,094,614,036

医保本人	Ⓝ	医保家族	Ⓞ	老人保健	Ⓟ	食事・生活療養	Ⓠ
	66,664,136 点		46,242,636 点		点		17,638,526 円
	538,377,261 円		390,437,315 円		円		10,843,986 円

特定健診・特定保健指導費内訳			出産育児一時金等内訳		
当初請求	補正・過誤・返戻	支払確定額	算定額	過誤	支払確定額
Ⓡ 34,125	Ⓢ -6,825	Ⓣ 27,300	Ⓤ 7,530,000	Ⓥ 0	Ⓦ 7,530,000

診療報酬支払確定額	源泉徴収税額（復興特別所得税含む）	① 診療報酬支払確定額合計	② 特定健診・特定保健指導費支払確定額合計	③ 出産育児一時金等支払確定額合計	④ 電子証明書発行・更新料	差引振込額（①+②+③-④）
Ⓧ 1,094,614,036	Ⓨ 111,739,673	Ⓩ 982,874,363	ⒶⒶ 27,300	ⒶⒷ 7,530,000	ⒶⒸ 4,000	ⒶⒹ 990,427,663

1　医保本人・家族・老人保健及び食　生活療養欄は算定額（点数）から再審査等調整額（点数）及び相殺額（点数）を調整したものです。
　なお、食事・生活療　保健に係る食事・生活基準額、下段は標準負担額を控除した食事・生活支給額です。
2　特定健診・特定保健　は、源泉徴収対象外です。
3　支払区分「42」（特　保険者等に係る一部負担金等の軽減特例措置の金額を表示しています。

源泉所得税（預り金）

経費

（社会保険診療報酬支払基金ホームページより筆者加筆）

⑩　契約書

不動産賃貸業においては、契約で月額家賃やその他の費用が定められています。売上の計上は、契約や慣習において定められた支払日にて行われ、契約書が売上を証明する書類になります。

チェックするポイントは、以下のとおりです。

（ⅰ）契約期間

まず確認したいのが契約期間です。いつからいつまでの期間の賃料を売上に計上すべきかを確認します。

（ⅱ）賃料・共益費

次に確認したいのが賃料の額です。なお、賃料だけでなく共益費も売上に計上する必要があります。

（ⅲ）支払条件

賃料をいつまでに支払うのか（支払条件）も確認しましょう。通帳と見比べたときに、支払条件がわかっていると記帳がスムーズです。

（ⅳ）賃借人の氏名・住所

賃借人の住所・氏名は青色申告決算書（不動産所得用）の２ページ目に記載する必要があります。賃借人リストをもらうとよいでしょう。

その他、契約によってその後の請求が自動的に行われるような業種（士業など）についても、契約書を見て月額報酬や支払条件などを確認する必要があります。

賃貸住宅契約書の例

建物賃貸借契約書（居住用）

賃貸人国税一郎（以下「甲」）と、賃借人地方税知子（以下「乙」）は、建物の賃貸借に関し、次のとおり契約（以下「本契約」）を締結した。

賃借人の氏名

（賃貸借の目的物）
第１条　甲は、乙に対し、次条以下の条件により、次に表示する物件（以下「本建物」）を賃貸する。

名称・住戸番号	○○○○マンション　101 号室
所在地	○○県○○市○○町○―○―○
構造	鉄筋コンクリート造　4 階建　戸数　16 戸
間取り	1ＬＤＫ

賃借人の住所

（使用目的）
第２条　乙は、本建物を住居の目的にのみ使用し、計 1 名が居住する。

（契約期間）
第３条　本契約の期間は、令和 1 年 6 月 1 日より、平成 3 年 5 月 31 日までの 24 カ月間とする。ただし、契約期限の２カ月前までに甲乙双方より特段の意思表示がないときは、自動的に同一条件で 1 年間契約が更新されるものとする。

（賃料）
第４条　賃料は 1 カ月金 10 万円とする。

賃料

（諸費用）
第５条　乙は、本契約期間中、前条に定める賃料のほかに、次の各号に掲げる費用（以下「諸費用」）を支払う。
一　共益費
二　駐車料
三　火災保険料

支払条件

（賃料等の支払時期及びその方法）
第６条　毎月末までに、賃料と諸費用（以下「賃料等」）の翌月分を甲の指定する方法により甲に支払う。なお、契約月の賃料等は１カ月を３０日とした日割計算とする。

士業の業務契約書の例

顧問契約書

○○株式会社（以下「甲」という）と国税一郎（以下「乙」という）とは、乙が甲のために行う顧問業務に関して、次の通り契約する。

（契約の成立）

第１条　甲は、乙に対し、乙が甲の顧問として別紙顧問業務細目記載の顧問業務を行うことを委託し、乙は、これを承諾した。

（誠実業務）

第２条　乙は、甲の顧問として、甲の最善の利益をはかるべく顧問業務を誠実に遂行するものとする。

月額報酬

（顧問報酬）

第３条　顧問報酬は月額50,000円とし、甲は、乙に対し、本契約が有効である期間中、毎月末日までに、翌月分の顧問報酬を、乙が別途指定する方法により支払う。

（費用）

支払条件

第４条　乙が、甲の　のために費用を必要とする場合は、その都度、甲乙間の協議により、負担者及び支払方法を書面によって決定するものとする。

（秘密保持義務）

第５条　乙は、顧問業務遂行上、乙において覚知した甲の業務内容等について、第三者に漏洩してはならない。

（競業等避止業務）

第６条　乙は、甲と同種の事業を営む場合又は甲と同種事業を営む会社等と顧問契約を締結する場合には、事前に甲の承諾を受けるものとする。

（契約期間）

第７条　本契約期間は、令和2年6月30日までとする。ただし、同期間終了の１ヶ月前までに、延長しないという申入が甲乙いずれからもない場合は、本契約は、自動的に1年間延長されるものとし、以後も同様とする。

上記契約の成立を証するため、本契約書２通を作成し、甲乙各１通を保有するものとする。

令和1年7月1日

甲　住所　東京都千代田区霞が関３丁目１－２
国税一郎　　印

乙　住所　○県○市○区○町１－１－１
○○株式会社　代表取締役　○○○○　印

⑪　家賃送金明細書

不動産賃貸業において契約書と一緒に確認したい書類が、不動産管理会社から送られてくる家賃送金明細書です。

資料の分析ポイントは、家賃以外の売上と、売上から差し引かれている経費の部分です。例えば、更新料が入金されている場合には売上に含め、原状回復工事費や広告料、不動産管理会社へ支払う管理委託料などが差し引かれている場合には、別途経費に計上する必要があります。

家賃送金明細書の例

○○マンション（2019-05）送金明細書

2019年5月15日

○○リアルエステート株式会社

■家賃入金

部屋種別	部屋番号	借主氏名	対象月	入金日	金額
貸室	101	田中みどり	2019-05	2019-04-25	100,000円
貸室	103	鈴木太郎	2019-05	2019-04-30	100,000円
貸室	104	近藤圭佑	2019-05	2019-04-28	100,000円
貸室	202	武田健介	2019-05	2019-04-24	105,000円
貸室	203	岸川涼介	2019-05	2019-05-01	105,000円
貸室	204	工藤登	2019-05	2019-04-23	103,000円
貸室	301	大井真	2019-05	2019-04-20	110,000円
貸室	302	佐藤さおり	2019-05	2019-04-20	110,000円
合計①					833,000円

売上

■入金（家賃以外）

項目	入金日	備考	金額
更新料	2019-04-10	101　田中みどり　契約更新料	100,000円
更新料	2019-04-15	103　鈴木太郎　契約更新料	100,000円
合計②			200,000円

売上

■支出

項目	入金日	備考	金額
原状回復工事費	2019-05-22	104号室　原状回復費用	154,000円
広告料	2019-05-10	301号室　募集広告料	90,000円
管理委託料	-	2019-05 管理委託料	98,000円
合計③			342,000円

経費

■合計

ご入金合計（①+②）	1,033,000円
ご請求合計（③）	342,000円
ご送金金額（①+②−③）	691,000円

⑫　クレジットカード・電子マネー決済の明細

店舗やレジを必要としない個人事業主・フリーランスがクレジットカード・電子マネー決済を行っている場合には、明細をもらう必要があります。

例えば、ネットショップ運営やオンライン上でデジタルコンテンツ等を販売する場合には、オンライン上の決済代行サービスがよく使われます。

これらのクレジットカード・電子マネーによる売上は、それぞれ利用しているシステムからデータ（PDF または CSV）でダウンロードが可能である場合が多いです。例えば、大手決済代行の PayPal は、期間を指定すれば売上及び手数料の一覧を出力してくれます。

CSV データの場合、会計システムに取り込むために加工すれば、効率よく記帳することが可能です。

⑬　QR コード決済の明細

2019 年 10 月に始まったキャッシュレス・消費者還元事業によって、QR コード決済を導入する店舗も増えました。QR コード決済による売上がある場合にも、明細を印刷してもらうかデータ化してもらって受け取るようにします。

クレジットカードの決済明細（PayPal の例、PDF 形式）

取引履歴

7月 01, 2019 から 9月 30, 2019

PayPal

[redacted]

日付	説明	ステータス	通貨	合計	手数料	正味
2019/07/08	[redacted]	完了	JPY	9,720.00	-390.00	9,330.00
2019/07/08	[redacted]	完了	JPY	9,720.00	-390.00	9,330.00
2019/07/09	[redacted]	完了	JPY	18,360.00	-701.00	17,659.00
2019/07/09	[redacted]	完了	[illegible]	18,360.00	-701.00	[illegible]
2019/07/10	[redacted]	完了	[illegible]	9,720.00	-390.00	[illegible]
2019/07/12	[redacted]	完了	JPY	9,720.00	-390.00	9,330.00
2019/07/13	[redacted]	完了	JPY	4,400.00	-198.00	4,202.00
2019/07/16	[redacted]	完了	JPY	4,800.00	-213.00	4,587.00

売上 → 合計

経費 → 手数料

⑭　プラットフォーム上で発行される売上レポート（ネット物販の場合）

インターネット物販をAmazon等のプラットフォームを利用して行っている場合、売上の証拠書類となるものはシステムから出力したものとなります。

例えば、Amazonであれば出品用アカウントの売上管理画面から、注文レポート、在庫レポート等を印刷することができます。次の図は、Amazonの注文の詳細画面です。商品の内容、売上先、売上金額、出荷日が確認できます。特にネット物販の場合には取引量が多いので、なるべくCSV等のデータでもらって効率よく記帳します。

Amazonの売上管理画面

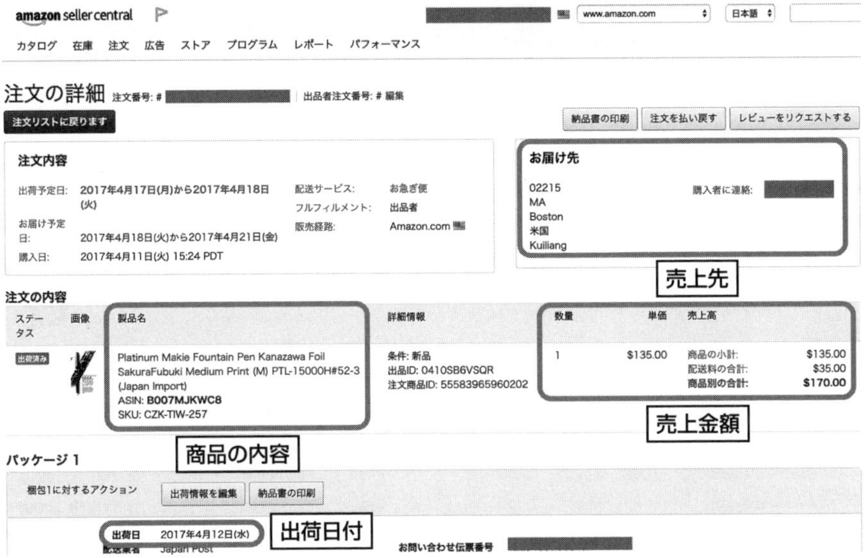

⑮ インターネット広告報酬がわかるレポート

YouTuberやアフィリエイターなど、インターネット広告で稼ぐクライアントの場合、売上の金額は、インターネット上で確認することになります。

例えば、インターネット広告の中でも「クリック型」と呼ばれるGoogle AdSenseの場合、報酬はAdSenseの管理画面から確認することができます。

特に年末は未入金の広告料を売上に計上しなければならないので、クライアントから下記のような管理画面と明細をもらって売上（見積り収益額）を確認することが必要です。

Google AdSense（インターネット広告料）の管理画面

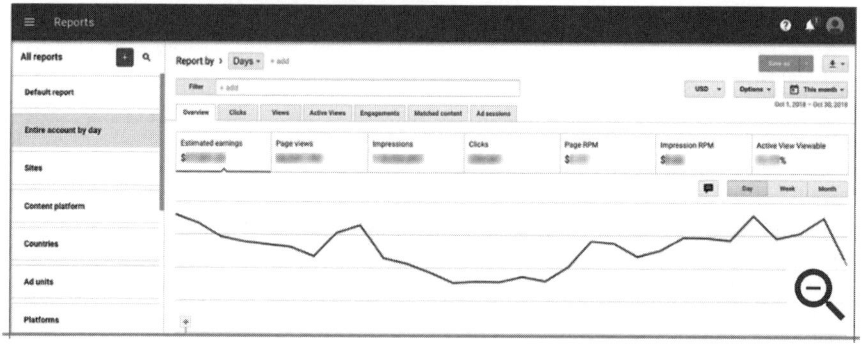

月	ページビュー	表示回数	クリック数	ページのインプレッション収益	インプレッション収益	アクティブビュー視認可能率	見積もり収益額
2018/01/01 – 2018/01/31	11,870	29,610	30	¥125	¥50	32.08%	[redacted]
2018/02/01 – 2018/02/28	12,868	32,781	35	¥168	¥66	30.78%	[redacted]
2018/03/01 – 2018/03/31	15,483	39,284	51	¥158	¥62	29.47%	[redacted]
2018/04/01 – 2018/04/30	14,708	36,698	44	¥149	¥60	29.52%	[redacted]
2018/05/01 – 2018/05/31	18,249	45,139	62	¥177	¥71	30.25%	[redacted]

売上額

3　仕入の金額がわかる書類

物を作って売る業種・物を仕入れて売る業種であれば、材料や商品の仕入の金額がわかる書類を入手する必要があります。例えば以下のもので金額を確認します。

(1) 仕入先から交付される納品書

仕入先から交付される納品書は、商品や材料の仕入を証明する書類となります。仕入の金額に含まなくてもよい金額（保管料、保険料、各種税金など）も確認し、適宜経費にしていきます。

(2) 仕入先に交付する検収書の控

検収をもって商品や材料の仕入計上を行う場合には、仕入先に交付した検収書の控えが仕入を証明する書類となります。これも仕入れの金額と、それ以外の経費とに適宜分類して仕訳をします。

(3) 仕入先から交付される請求書

仕入の都度納品書や検収書が交付されるのではなく、月に１回など定期的に請求書が交付される場合には、その請求書が仕入を証明する書類となります。請求書には通常仕入明細が添付されているので、在庫と併せて確認します。

4　原価・在庫の金額がわかる書類

物を作って売る・物を仕入れて売る業種であれば、売上原価と在庫の金額がわかる書類が必要となります。

製造業の場合であれば、年末に残っている材料（仕掛品）と製品の一覧をもらうようにします。

貸借対照表の在庫の科目（材料、仕掛品、製品等）と在庫表に整合性をもたせるようにしておきます。

なお、仕入単価の違う材料・商品が複数残っている場合には、単価計算が必要となります（特に届出を提出していない場合は最終仕入原価法）。

小売・卸売業であれば、仕入れた商品で期末に残っているものの一覧をもらいます。

在庫表の例（製造業の場合）

棚卸表（材料）

材料名	ウッドボタンNo.〇〇

日付		摘要	受入			払出数量	在庫数量
			数量	単価	金額		
12	1	前月繰越	20	200	4,000		20
	3	購入	50	200	10,000		70
	10	使用（子ども用ワンピース　型番：〇〇）				5	65
	15	購入	20	190	3,800		85
	30	使用（大人向けバッグ　型番：〇〇）				5	80

期末在庫（仕掛品）　期末在庫（材料）

材料名	プラスチックボタンNo.〇〇

日付		摘要	受入			払出数量	在庫数量
			数量	単価	金額		
⋮	⋮	⋮	⋮	⋮	⋮	⋮	⋮

棚卸表（製品）

製品名	子ども用ワンピース　型番：〇〇

日付		摘要	受入	払出数量	在庫数量
			数量		
12	1	前月繰越	10		10
	3	完成	3		13
	10	売上		4	9
	15	売上		1	8

期末在庫（製品）

製品名	大人用バッグ　型番：〇〇

日付		摘要	受入	払出数量	在庫数量
			数量		
⋮	⋮	⋮	⋮	⋮	⋮

5　経費の金額がわかる書類

経費については、以下の書類が決算書を作るために必要となります。

(1) 領収書・レシート

商品やサービスの代金を現金等で相手先に支払った際の証拠となる書類です。領収書・レシートと併せて、現金出納帳、通帳等とも照合するようにしましょう。

気を付けるべきものは手書きの領収書です。レシートと違い、内容が詳しく書かれていないケースがあります。このような領収書の場合、そもそも経費として計上してよいものなのか、勘定科目は何にすべきなのか迷うこととなってしまうので、あらかじめ内容が曖昧なものについてはクライアントになるべくメモ書きしてもらうなど対策が必要になります。

領収書の例

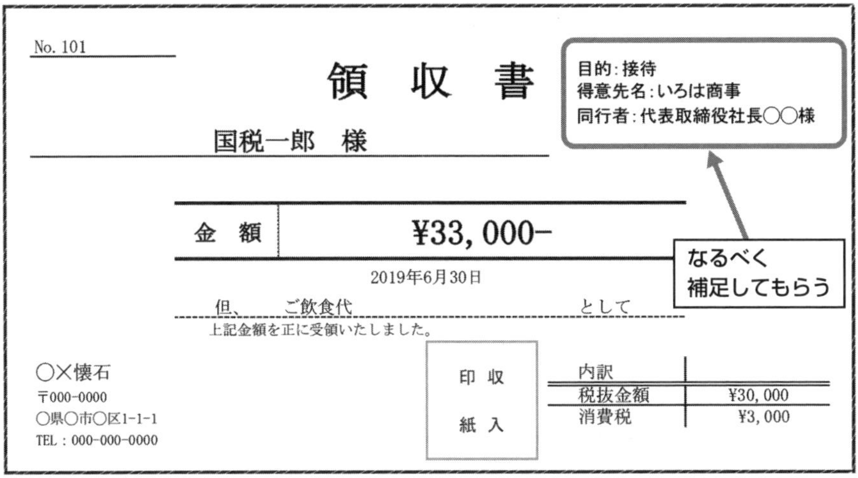

(2) 請求書

商品やサービスの代金を請求書払いで行う場合、領収書は発行されないケースがあります。この場合には請求書がその経費を計上する根拠となります。請求書と併せて現金出納帳、通帳等を確認するようにします。

経費の請求書で気を付けるべきことは、「いつの期間の経費か」という点です。例えば、その年内の経費ではなく、来年以降の経費である場合には「前払費用」等の経過勘定科目に振り替える必要があります（ただし、1年以内に提供を受ける場合で継続して支払った日に経費とする「短期前払費用の特例」の検討も必要です）。

(3) ネット通販の購入明細書・完了通知

実店舗ではなくネットショップで消耗品などを購入したときは、紙の領収書は発行されません。通常は、領収書の代わりとなる購入明細書等をWebから印刷してもらうことになります。

もしそのような機能のないネットショップから物・サービスを購入した場合には、自動的に送られてくる購入の完了メールなどが領収書代わりになります。

ネット通販の購入明細書（Amazon の例）

amazon.co.jp

注文番号[redacted]の領収書

このページを印刷してご利用ください。

国税一郎　様

発行日： 2020年1月27日
注文日： 2019年11月29日
Amazon.co.jp 注文番号： [redacted]
ご請求額： ¥ 1,154

2019年11月29日に発送済み

注文商品	**価格**
1 点 *AGF ちょっと贅沢な珈琲店 レギュラーコーヒー ドリップパック アソート 40袋【ドリップコーヒー】【つめあわせ】* 販売：Amazon Japan G.K. コンディション：新品	¥ 1,154

お届け先住所：
国税一郎様
東京都千代田区霞が関3丁目1－2

配送方法：
お急ぎ便

支払い情報

支払い方法：
MasterCard | カード番号の一部：[redacted]

請求先住所：
国税一郎様
東京都千代田区霞が関3丁目1－2

商品の小計：¥ 1,154
配送料・手数料：¥ 0

注文合計：¥ 1,154

ご請求額：¥ 1,154

クレジットカードへの請求　MasterCard（下4けたが[redacted]2019年11月29日：¥ 1,154

(4) 経費精算書

専従者や従業員がいて、月に１度など定期的に経費精算書を提出してもらっている場合には、経費精算書を見て内容を把握する必要があります。

内容によって勘定科目を分類し、通帳や現金出納帳と照合を行うようにします。

経費精算書の例

経費精算書

社員番号	０ ０ ０ １
氏名	国 税 二 郎　　　　印

申請日	２ ０ １ ９ 年　　　５ 月　　１ 日

日付	内容	支払先	金額	備考
2019/4/1	交通費（電車代）	東京メトロ、JR	672	いろは商事訪問（〇駅–〇駅）
2019/4/1	接待費	〇×懐石	44,000	いろは商事〇〇社長接待
2019/4/10	書類郵送	〇×郵便局	450	〇×税務署書類郵送
2019/4/15	交通費（バス代）	都営バス	420	セミナー出席（〇駅前–〇駅前）
2019/4/20	消耗品	××カメラ〇〇店	3,300	USBケーブル購入
		合計	¥48,842	

内容に応じた勘定科目で処理する

振込金額と照合

備考

(5) 出金伝票

交通費や慶弔見舞金など、領収書が出ないものについては、市販の出金伝票等を使っている場合があります。内容を確認し、現金出納帳と照合します。

出金伝票の例

出金伝票

No.＿＿＿＿＿＿

2019 年　7 月　10 日

コード		支払先	○×株式会社 様

勘定科目	摘要	金額
接待交際費	専務○○様　香典代	20000
合計		20000

(6) 賃金台帳

従業員がいる個人事業主であれば、給与の振込内訳がわかる賃金台帳を1年分もらうようにします。

賃金総額と非課税通勤手当、差し引かれる社会保険料、源泉所得税等を確認して必要な仕訳を行います。

賃金台帳の例

2019(平成31)年分 賃金台帳 一郎チャンネル　　氏名:国税 二郎　　従業員番号:2

支給月日	1月25日	2月25日	3月25日	4月25日	5月25日
給与計算開始日（固定給）	2018/12/16	2019/01/16	2019/02/16	2019/03/16	2019/04/16
給与計算締日（固定給）	2019/01/15	2019/02/15	2019/03/15	2019/04/15	2019/05/15
給与計算開始日（変動給）	2018/12/16	2019/01/16	2019/02/16	2019/03/16	2019/04/16
給与計算締日（変動給）	2019/01/15	2019/02/15	2019/03/15	2019/04/15	2019/05/15
労働日数 ()は有給日数	0日 (0.0日)	0日 (0.0日)	0日 (0.0日)	0日 (0.0日)	0日 (0.0日)
所定労働時間数 ()は有給時間数	0時間00分 (0時間00分)	0時間00分 (0時間00分)	0時間00分 (0時間00分)	0時間00分 (0時間00分)	0時間00分 (0時間00分)
法定内残業時間数	0時間00分	0時間00分	0時間00分	0時間00分	0時間00分
時間外労働時間数	0時間00分	0時間00分	0時間00分	0時間00分	0時間00分
休日労働時間数	0時間00分	0時間00分	0時間00分	0時間00分	0時間00分
深夜労働時間数	0時間00分	0時間00分	0時間00分	0時間00分	0時間00分
60時間超時間外労働時間数	0時間00分	0時間00分	0時間00分	0時間00分	0時間00分
欠勤日数	0日	0日	0日	0日	0日
遅刻早退時間数	0時間00分	0時間00分	0時間00分	0時間00分	0時間00分
不足時間数	-	-	-	-	-
基本給	150,000	150,000	150,000	150,000	150,000
法定内残業手当	0	0	0	0	0
時間外労働手当	0	0	0	0	0
休日労働手当	0	0	0	0	0
深夜労働手当	0	0	0	0	0
60時間超時間外労働手当	0	0	0	0	0
割増賃金実績合計	0	0	0	0	0
固定割増手当	0	0	0	0	0
固定割増手当超過額	0	0	0	0	0
割増賃金合計	0	0	0	0	0
課税通勤手当	0	0	0	0	0
賞与					
欠勤控除	0	0	0	0	0
遅刻早退控除	0	0	0	0	0
不足時間控除	-	-	-	-	-
課税支給額合計	150,000	[illegible]	150,000	150,000	150,000
非課税通勤手当	0	0	0	0	0
非課税支給額合計	0	0	0	0	0
総支給額	150,000	150,000	150,000	150,000	150,000
健康保険料	0	7,447	7,447	7,432	7,432
介護保険料	0	0	0	0	0
厚生年金保険料	0	13,725	13,725	13,725	13,725
雇用保険料	450	450	450	450	450
社会保険料等控除合計	450	21,622	21,622	21,607	21,607
課税対象額	149,550	128,378	128,378	128,393	128,393
所得税	2,980	2,150	2,150	2,150	2,150
住民税	0	0	0	0	0
年末調整精算	0	0	0	0	0
控除合計	3,430	23,772	23,772	23,757	23,757
差引支給金額	146,570	[illegible]	126,228	126,243	126,243

社会保険料

源泉所得税

(7) 工事台帳（建設業の場合）

建設業の場合、案件ごとの経費を集計した工事台帳をもとに、工事原価と未成工事支出金（仮勘定）にそれぞれ計上します。

もしクライアントが作成していなければ、工事の一覧をもらい、完成・未完成の有無を確認し、税理士側で材料費、労務費、外注費、経費を集計し原価と未成工事支出金に計上します。

工事台帳の例

工事台帳

工事番号	No.1234	請負金額	15,000,000
工事名称	○○株式会社　事務所工事	工事期間	2019/9/1～2020/3/31

完成・未完成を確認

売上	
入金日	売上金額
2019/10/1	3,000,000
2019/12/31	3,000,000
合計	6,000,000

完成工事高または未成工事受入金で処理

原価

年月日	伝票No.	摘要	材料費	労務費	外注費	経費	合計金額
2019/9/20	1200	○○金物店　金物代	132,000				132,000
2019/9/30	1200	○○商事　内部造作材	220,000				220,000
2019/10/1	1203	○○ホームセンター　工具等				15,300	15,300
2019/10/15	1204	○○電気　電気工事			660,000		660,000
2019/10/25	1290	大工　Aさん		300,000			300,000
2019/10/25	1290	大工　Bさん		250,000			250,000
…	…	…					0
合計			352,000	550,000	660,000	15,300	1,577,300

経費または未成工事支出金で処理

(8) クレジットカード利用明細

毎月1度発行されるクレジットカード利用明細は、経費の金額がわかる書類として必須ではありませんが、領収書・レシートと合わせて確認すると漏れがありません。念のためにクライアントに用意してもらった方がよいでしょう。

注意点としては、クレジットカード利用明細そのものが経費の根拠となる資料ではないということです。現に、クレジットカード利用明細を見ても内容が分からないものも多くありますので領収書・請求書等は必須です。

(9) 電子マネーの利用明細

交通系の電子マネー（Suica）などは、利用したときに領収書が発行されないので、駅の券売機で印刷した利用明細か、ネット上で履歴が見られるサービス（Suicaの場合にはモバイルSuicaというアプリがあります）で印刷した利用明細が必要となります。

なお、交通系電子マネーの場合でも、「物販」と表示されるものなど交通費以外のものに使用している場合があるので、内容はあらかじめメモ書きしてもらうとよいでしょう。チャージした金額も混じっているのでその分は除外して、利用した分だけを経費に計上するようにします。

Suicaの利用明細の例

＜ 戻る　**SF(電子マネー)利用履歴**

前日分までを表示しています。当日の利用履歴は、「Wallet」でご確認ください。

月日	種別	利用場所	残額 差額
10/14	入 出	桜木町 新子安	¥746 -157
10/14	入 出	新子安 桜木町	¥903 -157
10/13	物販	お客様の飲料 →	¥1,060 -130
10/13	物販	プライベート分 →	¥1,190 -130

6　現金預金残高がわかる書類

青色申告で特別控除65万円を受けるためには、損益計算書の他、貸借対照表も添付しなければなりません。当然、資産や負債の残高を実残高と合わせることが必須となります。その中でも現金預金の残高は、正しい決算書を作るために重要な情報です。現金預金残高がわかる書類は、すべての業種において必要となります。

(1) 現金残高がわかる書類

現金出納帳をクライアントが作っている場合には、もらうようにしましょう。その際、12月31日時点の出納帳の残高が実残高と合っているかの確認もします。

なお、Excel等のデータで作成している場合には、データのままもらう方が後々会計システムに取り込むときに便利です。

現金出納帳の例

現金出納帳

2019年　12月

No. 12

伝票No.	年	月	日	摘　　要	借方金額	貸方金額	差引残高
				繰　越			153,700
10	2019	12	3	文房具購入		1,100	152,600
13	2019	12	6	○X株式会社○○様　香典代		10,000	142,600
22	2019	12	10	切手購入		840	141,760
23	2019	12	15	印紙代		2,000	139,760
…	…	…	…	…	実残高と照合する	→	139,760

(2) 預金残高がわかる書類

預金残高がわかる書類として、まず挙げられるのが紙の銀行通帳です。事業で使っているものに関してはすべてコピーをもらうようにします。

なお、ネットバンクを利用している場合には、WebサイトからCSVデータをダウンロードできますのでデータでもらうようにします。加工して会計システムに取り込めば、入力の手間が省けます。

銀行の入出金明細の例

取扱日付	お支払金額	お預り金額	取引区分	残高	摘要
2020年1月6日		¥64,500	振込	¥64,500	**カードケッサイダイコウ(カ
2020年1月15日		¥34,000	振込	¥98,500	カ)**ショウジ
2020年1月16日	¥60,000		出金	¥38,500	ツミタテ
2020年1月27日	¥22,300		出金	¥16,200	コウザフリカエ**カード
2020年1月27日	¥11,000		出金	¥5,200	コウザフリカエ**セイメイホケン
2020年1月31日		¥125,000	振込	¥130,200	**カードケッサイダイコウ(カ
2020年1月31日		¥97,500	振込	¥227,700	**ブツリュウ(カ

7 固定資産の情報

10万円以上の資産を購入している場合には、次の情報が必要となります。

(1) 資産の種類

耐用年数を確認するためにも、まずはその資産の種類（建物、車両、機械装置、工具器具備品など）を請求書、契約書等で確認します。

(2) 取得年月日

その資産を購入した年月日を請求書、契約書等で確認します。

(3) 事業供用日

通常「取得年月日＝事業供用日」となることが多いですが、稀に年末近くに購入してまだ事業に使っていない、ということもあり得ます。減価償却は事業供用日から行いますので事業供用日も念のため聞きます。

(4) 耐用年数

その資産の耐用年数を知るためには、より詳細な情報が必要です。見積書、請求書、契約書、ヒアリング等での確認が必要となります。

8　家事按分の割合に関する情報

(1) 家事按分の意義・計算

家事按分とは、ある支出についてプライベート分と事業分が混在している場合に、事業で使用する割合分のみを経費にする考え方です。個人事業主・フリーランスの場合、プライベートと事業分が混在することが多く、家事按分を行うための割合の情報が必要となります。

(2) 家事按分の例

家事按分が必要な例としては、以下の費用が挙げられます。

① 自宅兼事務所（賃貸）の家賃
② 自宅兼事務所（持ち家）の建物部分の減価償却費
③ 自宅兼事務所（持ち家）の固定資産税
④ 自宅兼事務所（持ち家）の火災保険料、地震保険料
⑤ 自宅兼事務所（賃貸・持ち家）の水道光熱費
⑥ 通信費（インターネット、携帯電話）
⑦ 車両の減価償却費、ガソリン代

(3) 家事按分の割合の例

① 面積

(2) の①～⑤については面積で按分計算を行うケースが多いです。

例えば、自宅兼事務所（賃貸）の家賃であれば、総面積のうち、仕事部屋の面積の占める割合で按分計算を行う場合が多いです。クライアントが割合を計算するのが難しい場合には、賃貸借契約書や間取り図などをもらって税理士側で計算するのもよいでしょう。

なお、自宅兼事務所（持ち家）の建物部分の減価償却費については、いくつか注意点があります。

今まで持ち家として利用していた建物を、事業のために利用することとなった場合には、まず事業の用に供するまでの減価部分を取得価額から差し引き未償却残高を計算します。次に、その未償却残高について、事業開始日からの減価償却費の計

算を行うこととなります。未償却残高の具体的な計算方法は以下の通りです。

〈未償却残高の計算〉

その資産の取得価額	−	事業に利用されていなかった期間につき、その資産の耐用年数の1.5倍に相当する年数で、旧定額法に準じて計算した減価の額

ここで、事業に利用する自宅兼事務所の建物の取得価額を知る必要があります。建物の取得価額を知るためには、以下の資料が必要となります。

〈建物の登記簿謄本〉

建物がいつ登記されたか、建物の構造など耐用年数を確認するために必要な書類となります。

〈建物の売買契約書〉

建物の取得価額を確認するために必要です。

通常、土地と建物は金額が分かれて記載されています。もし分かれていない場合には、消費税（土地には消費税がかからないので、建物分のみ）から割り返して建物の取得価額を計算することが可能です。

〈過年度の住宅借入金等特別控除明細書〉

もし建物の売買契約書が見つからない場合には、過年度の住宅借入金等特別控除明細書を見せてもらい、建物の取得価額等、必要な情報を確認する方法もあります。

②　コンセントの数

電気代については、全部屋のコンセントの数に占める事業で利用する部屋のコンセントの数の割合で計算する方法があります。

③　使用時間

⑥の通信費（インターネット、携帯電話）、⑦の車両の減価償却費、ガソリン代などは使用時間によって按分することが多いです。

例えば、通信費（インターネット）の場合には、1日の間にどの程度パソコンで仕事をしているかで計算する方法があります。1日の仕事時間が8時間であれば、起きている時間帯（午前7時～午後11時）の16時間のうちの半分ということで50％にするなど（実際は外出等あるのでこれは目安です）して計算します。質問リストの中に入れて情報を得るようにしましょう。

(4) 事業・プライベートで利用する車両の減価償却費・ガソリン代

事業で車両を利用している場合も、使用頻度が一番わかりやすいでしょう。

使用頻度が多い（毎日車両を利用するなど）場合は、毎日の使用時間によって按分比率を計算する方法が有効です。一方、月に何度か利用する程度であれば、もう少し計算期間を広げて毎月の使用時間によって按分比率を計算するのがよいでしょう。

4 確定申告書を作るために必要な書類

青色申告決算書が完成したら、確定申告書を作成します。確定申告書を作成するにあたり、必要な資料は以下の通りです。

1 事業所得以外の所得の証明書類

よくあるのが、事業所得の申告をお願いされたところ、実は他の所得もあったということで作業に時間がかかってしまうことです。このようなことを避けるためにも、資料依頼リストに、あらかじめ事業所得以外の所得の有無の確認と、それに伴う資料の依頼も含め，ヒアリングしておきましょう。

(1) 利子所得

利子所得とは、公社債及び預貯金の利子ならびに合同運用信託、公社債投資信託及び公募公社債等運用投資信託の収益の分配に係る所得をいいます（所法23①)。

利子所得の場合、必要経費という概念がないため収入金額がそのまま所得金額となります。利子所得の課税は、それぞれの区分に応じ以下の通り行われます（所法182一、措法3他)。

【利子所得の課税方法】

<table>
<tr><th>区分</th><th colspan="2">課税方法・税率</th></tr>
<tr><td>国内において支払いを受けるべき利子等</td><td>源泉分離課税</td><td>20.315 %
所得税：15 %
復興特別所得税：0.315 %
住民税：5 %</td></tr>
<tr><td>国外の銀行等の預金利子</td><td colspan="2" rowspan="3">総合課税</td></tr>
<tr><td>国外発行の債権で国内取扱い業者の「外国証券取引口座」を経由しないで支払われる利子</td></tr>
<tr><td>国内発行の債権で加盟協定により日本の源泉徴収義務が免除されている金融機関により発行されたものに係る利子</td></tr>
<tr><td>特定公社債等の利子</td><td>申告分離課税</td><td>20.315 %</td></tr>
<tr><td>一般公社債等の利子</td><td>源泉分離課税</td><td>20.315 %</td></tr>
</table>

表の通り、一部の国外で発行された債権の利子等以外のほとんどの利子は源泉徴収が行われて所得税の納付が完結します（源泉分離課税）。国外の金融機関等に預け入れた預貯金等の利子や、特定公社債（国債、地方債、外国国債、外国地方債等の一定の公社債）の利子については、総合課税や申告分離課税となるため、内容・金額を確認する資料が必要となります。

したがって、利子所得の有無と、その内容を質問リストで確認するようにしましょう。

海外口座で利子所得を得ている場合は、国内で源泉徴収されないため、その海外口座の取引明細が必要となります。利子所得の金額と、海外で源泉徴収されている金額（後述する外国税額控除の計算の際にも必要）を集計します。

なお、外貨を円に換算するには、原則として対顧客直物電信売相場（TTS）と対顧客直物電信買相場（TTB）との仲値（TTM）を利用します。

また、特定公社債等の利子があって、特定口座（申告分離課税が適用される上場株式等の譲渡損益、利子・配当所得について、証券会社が損益の通算の計算を行う制度）を利用している場合には次に記載する特定口座年間取引報告書が発行されますのでそちらで金額を確認できます。

特定口座を利用していない場合には、自身で損益を計算する必要があります。発行元から「利子等の支払通知書（計算書）」といった名称で書類が発行されますので、収入金額と源泉徴収税額をそれぞれ確認します。

特定口座年間取引報告書

口座番号	係コード	お名前
		日興　太郎　様

平成○○年○月○日

平成○○年分　特定口座年間取引報告書（投資家交付用）

見本

者 居所					
	□□県○○市△△町2-3-4	フリガナ	ニッコウ　タロウ	勘定の種類	①保管　2 信用　③配当等
		氏名	日興太郎	口座開設年月日	
	□□県○○市△△町2-3-4	生年月日	明・大・昭・平　55年　3月　5日	源泉徴収の選択	①有　2 無

（譲渡に係る年間取引損益及び源泉徴収税額等）

源泉徴収税額（所得税）	千　円	株式等譲渡所得割額（住民税）	千　円	外国所得税の額	千　円

譲渡区分	① 譲渡の対価の額（収入金額）	② 取得費及び譲渡に要した費用の額等	③ 差引金額（譲渡所得等の金額）（①－②）
上場分	千　円	千　円	千　円
特定信用分			
合計			

（配当等の額及び源泉徴収税額等）

	種類	配当等の額	源泉徴収税額（所得税）	配当割額（住民税）	特別分配金の額	外国所得税の額
特定上場株式等の配当等	④ 株式、出資又は基金	千　円	千　円	千　円		
	⑤ 特定株式投資信託					
	⑥ 投資信託又は特定受益証券発行信託（⑤、⑦及び●証券）					
	⑦ オープン型証券投資信託				千　円	
	⑧ 国外株式又は国外投資信託等					千　円
	⑨ 合計（④+⑤+⑥+⑦+⑧）					
上記以外のもの	⑩ 公社債					
	⑪ 社債的受益権					
	⑫ 投資信託又は特定受益証券発行信託（⑪及び●証券）					
	⑬ オープン型証券投資信託					
	⑭ 国外公社債等又は国外投資信託等					
	⑮ 合計（⑩+⑪+⑫+⑬+⑭）					
	⑯ 譲渡損失の金額				（摘要）	
	⑰ 差引金額（⑨+⑮－⑯）					
	⑱ 納付税額					
	⑲ 還付税額（⑨+⑮－⑯）					

利子所得部分

金融商品取引業者等	所在地	○○市○○町1-11	社印
	名称	SMBC日興証券株式会社　（電話）	

法人番号　7010001125714

（SMBC日興証券ホームページより筆者加筆）

利子等の支払通知書（計算書）の例

【国債証券の場合】

［設例］居住者に次の利子にかかる支払通知書を交付するとき

● 利付国庫債券（20年）第55回10万円券の利札5枚

書式No.302

国 債 元 利 金 支 払 計 算 書

（日　付）　1. 9. 20

店　印

③ 日 本 銀 行　○○支店　（店印）

群馬県○○市△△町1－1

乙野次郎　　様

元金			利子							
種別	枚数	金額	1枚当りの金額				合計金額			
			種別	利子額	所得税額	地方税額	枚数	利子額	所得税額	地方税額
証券 国債名称 （　　　）	枚	円	利札 国債名称 （利付国(20年)）	円 1,000	円 153	円 50	枚 5	円 5,000	円 765	円 250
〃 （　　　）			〃 （　　　）							
			〃 （　　　）							
滅紛失利賦札元利金（償還金）領収証書										
賦札			計					(イ)	(ロ)	(ハ)
計	(A)		税差引額				(B) (イ)－(ロ＋ハ) 3,985			

額面金額 100,000円 ①

利子収入

源泉徴収された金額

本計算書は、租税特別措置法第8条の4第4項の規定に基づき作成されたものです（支払通知書代用）。②

支払額（A＋B）　円
¥3,985

共業711(2)

① 額面金額を補記する。
- ● 同種の利札が複数枚ある場合においても、利札に表示されている額面金額を補記する（各利札に表示されている額面金額を合算することはしない。）。

② 租税特別措置法第8条の4第4項の規定に基づき作成されたものである旨を補記する。

③ 店名を表示のうえ、店印を押す。

（日本銀行ホームページより筆者加筆）

(2) 配当所得

配当所得とは、法人から受ける剰余金の配当、利益の配当、剰余金の分配、基金利息ならびに投資信託及び特定受益証券発行信託の収益の分配等に係る所得をいいます（所法24①）。

配当所得は、収入金額から株式等を取得するために支出した負債の利子を差し引いて計算します。差し引く負債の利子は、その年中の所有期間に対応する部分に限ります。

なお配当所得に対する所得税の計算は、以下の方法があるため、そのクライアントに適した（納税負担の少ない）課税方法を選択する必要があります。

【配当所得に対する所得税の課税方法】

配当の区分	源泉徴収税率	確定申告の方法	
上場株式等の配当等	20.315％ 所得税：15％ 復興特別所得税：0.315％ 住民税：5％	申告しない（申告不要）	
		申告する	総合課税
			申告分離課税
上記以外の配当等	20.42％ 所得税：20％ 復興特別所得税：0.42％	少額配当	申告しない（申告不要）
			申告する（総合課税）
		少額以外	申告必要（総合課税）

以下の場合に応じて、必要資料を入手します。

①　特定口座で生じた配当所得の場合の資料

上場株式等を保有していて、「特定口座」（申告分離課税が適用される上場株式等の譲渡損益、利子・配当所得について、証券会社が損益の通算を行う口座）を利用している場合には、さきほど利子所得でも紹介した「特定口座年間取引報告書」が発行されますので依頼します。

特定口座年間取引報告書

口座番号	係コード	お名前
		日興　太郎　様

平成○○年○月○日

平成○○年分　特定口座年間取引報告書（投資家交付用）

見本

住所	□□県○○市△△町2−3−4	フリガナ	ニッコウ　タロウ	勘定の種類	①保管　2 信用　③配当等
居所	□□県○○市△△町2−3−4	氏名	日　興　太　郎	口座開設年月日	
		生年月日	明・大・昭（○）・平　55 年　3月　5日	源泉徴収の選択	① 有　2 無

（譲渡に係る年間取引損益及び源泉徴収税額等）

源泉徴収税額（所得税）	千　円	株式等譲渡所得割額（住民税）	千　円	外国所得税の額	千　円

譲渡区分	① 譲渡の対価の額（収入金額）	② 取得費及び譲渡に要した費用の額等	③ 差引金額（譲渡所得等の金額）（①−②）
上場分	千　円	千　円	千　円
特定信用分			
合計			

（配当等の額及び源泉徴収税額等）

	種類	配当等の額	源泉徴収税額（所得税）	配当割額（住民税）	特別分配金の額	外国所得税の額
特定上場株式等の配当等	④ 株式、出資又は基金	千　円	千　円	千　円		
	⑤ 特定株式投資信託					
	⑥ 投資信託又は特定受益証券発行信託（⑤、⑦及び●証券）					
	⑦ オープン型証券投資信託				千　円	
	⑧ 国外株式又は国外投資信託等					千　円
	⑨ 合計（④+⑤+⑥+⑦+⑧）					
上記以外のもの	⑩ 公社債					
	⑪ 社債的受益権					
	⑫ 投資信託又は特定受益証券発行信託（⑪及び●証券）					
	⑬ オープン型証券投資信託					
	⑭ 国外公社債等又は国外投資信託等					
	⑮ 合計（⑩+⑪+⑫+⑬+⑭）					
	⑯ 譲渡損失の金額				（摘要）	
	⑰ 差引金額（⑨+⑮−⑯）					
	⑱ 納付税額					
	⑲ 還付税額（⑨+⑮−⑯）					

配当所得部分

金融商品取引業者等			
所在地	○○市○○町1−11	社印	
名称	SMBC日興証券株式会社　（電話）		法人番号　7010001125714

（SMBC 日興証券ホームページより筆者加筆）

②　一般口座・非上場株式について生じた配当所得の場合の資料

上場株式等で特定口座を選択していない場合及び非上場株式等について配当所得を得た場合には、自身で配当所得を計算し、申告する必要があります。配当元から、「配当等の支払通知書」といった名前の書類が交付されますので、クライアントに依頼して配当等や源泉徴収税額の金額を確認します。

（上場株式）配当等の支払通知書

平成 00 年分

上場株式配当等の支払通知書

ライブスター　太郎　様

〒100-6217
東京都千代田区丸の内１－１１－１
株式会社ライブスター証券
本店
コンプライアンス部
電話　03-5221-5115　（平日9：00～17：00）

作成日	お取扱店	お客様の口座番号	扱者
0000年12月31日	210	000000	80001

支払を受ける者	住所（居所）又は所在地	東京都千代田区丸の内
	氏名又は名称	ライブスター　太郎

（上場株式配当等の支払状況）
●国内上場株式の配当等

種類	銘柄	一株（口）当たりの配当金額	株数又は口数	配当等の金額	配当等の金額（配当所得）	源泉徴収税額（国税）／特別徴収税額（地方税）	支払確定日又は支払年月日	備考
①	②	③ 円	④ （口）	⑤ 円	⑥ 円	⑦ 円	⑧	

（摘要）
合計金額　配当等の金額　⑨　円　国税　⑩　円　地方税　⑪　円

支払の取扱者	所在地	東京都千代田区丸の内 １丁目１１番１号
	名称	株式会社ライブスター証券 （電話）

以上

（株式会社ライブスター証券ホームページより）

③　負債利子のわかる資料

株式等を取得するために借入れをしている場合には、金融機関から借入返済予定表が届きますので、株式の保有期間に対応する分の支払利息を確認します。

④　みなし配当が生じた場合の資料

会社が株主へ払戻しを行ったこと等によりみなし配当が生じている場合には、みなし配当の金額がわかる計算書（支払調書等）を依頼します。

配当等とみなす金額に関する支払調書（支払通知書）

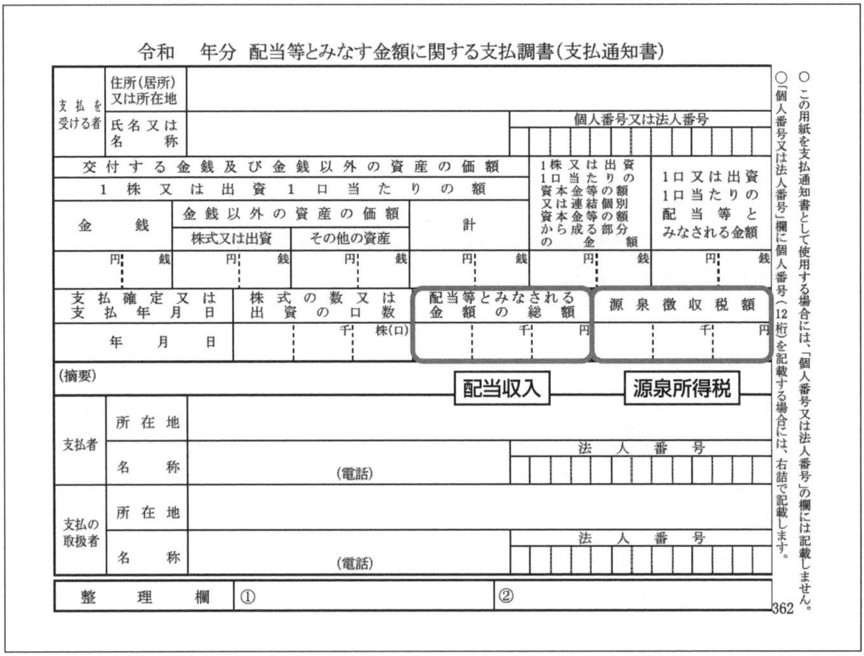
令和　年分 配当等とみなす金額に関する支払調書（支払通知書）

支払を受ける者 | 住所（居所）又は所在地
氏名又は名称
個人番号又は法人番号
交付する金銭及び金銭以外の資産の価額
1株又は出資1口当たりの額
金銭 | 金銭以外の資産の価額（株式又は出資 | その他の資産）| 計 | 1株又は出資1口当たりの資本金等の額又は連結個別資本金等の額から成る部分の金額 | 1口又は出資1口当たりの配当等とみなされる金額
円 銭
支払確定又は支払年月日 | 株式の数又は出資の口数 | 配当等とみなされる金額の総額 | 源泉徴収税額
年 月 日 | 千 株(口) | 千 円 | 千 円
（摘要）
配当収入
源泉所得税
支払者 | 所在地
名称 （電話）
法人番号
支払の取扱者 | 所在地
名称 （電話）
法人番号
整理欄 | ① | ②
362
○この用紙を支払通知書として使用する場合には、「個人番号又は法人番号」の欄には記載しません。
○「個人番号又は法人番号」欄に個人番号（12桁）を記載する場合には、右詰で記載します。

（国税庁ホームページより）

(3) 不動産所得

不動産所得とは、不動産、不動産の上に存する権利（借地権等）、船舶または航空機の貸付けによる所得をいいます（所法26）。

不動産所得の金額は、その年中の不動産所得に係る総収入金額から必要経費を差し引いて計算します。不動産所得の総収入金額には、以下のものが含まれます。

- 地代
- 家賃
- 権利金
- 礼金
- 更新料
- 名義書換料
- 承諾料

- 施設利用料
- 敷金・保証金（返還を要しないもの）

また、必要経費には、以下のものがあります。

- 固定資産税
- 管理費
- 修繕費
- 損害保険料
- 減価償却費
- 借入金利子

注意したいのが、事業所得とのすみ分けです。事業を営む人がその事業に関連して不動産等を貸し付けた場合の所得（従業員に寄宿舎を提供している場合等）については、事業に付随する行為とみられるため、事業所得に該当します。

一方で、不動産賃貸業を単独で行っていて、以下のいずれかの要件を満たす場合には事業所得、いずれも満たさない場合には不動産所得とされます（所基通 26–9）。

- 貸間、アパート等については貸与することができる独立した室数が 10 以上であること
- 独立家屋の貸付けについては、おおむね 5 棟以上であること

なお、不動産所得に該当する場合には、以下の取扱いになるので注意が必要です。

- 資産損失（取壊し等による損失）…不動産所得を限度として経費にできる（所法 51）
- 青色事業専従者給与…適用なし（所法 57）
- 事業専従者控除…適用なし（所法 57）
- 青色申告特別控除…最高 10 万円まで（措法 25 の 2）

まずは最初のヒアリングで、不動産所得があると聞いたときは事業に関連して行っているかどうか、事業的規模であるかを確認しましょう。事業的規模でない場

合には不動産所得となり、次の資料が必要となります。

不動産管理会社に管理を委託している場合には、家賃収入が確認できる書類を入手します。

不動産管理会社に管理を委託している場合には、通常、家賃振込送金と同時に経費の精算が行われていることが多いので家賃送金明細書（66ページ参照）を確認します。

事業主が直接物件を管理している場合には、家賃の振込みがあったことを示す預金通帳や契約書等、各種諸経費を支払ったことの証明となる請求書、領収書等を依頼します。

(4) 給与所得

給与所得とは、俸給、給料、賃金、歳費及び賞与ならびにこれらの性質を有する給与に係る所得をいい、収入金額から給与所得控除を差し引いて計算します（所法28①②③)。年の途中から会社を退職して独立した人の場合には、勤務先から支給された給与所得の把握が必要です。

通常は、退職時に給与所得の源泉徴収票が発行されますので、源泉徴収票をもとに申告書に転記していくことになります。なお、源泉徴収票をもらっていない場合には、勤務先に発行を依頼してもらいます。

給与所得の源泉徴収票

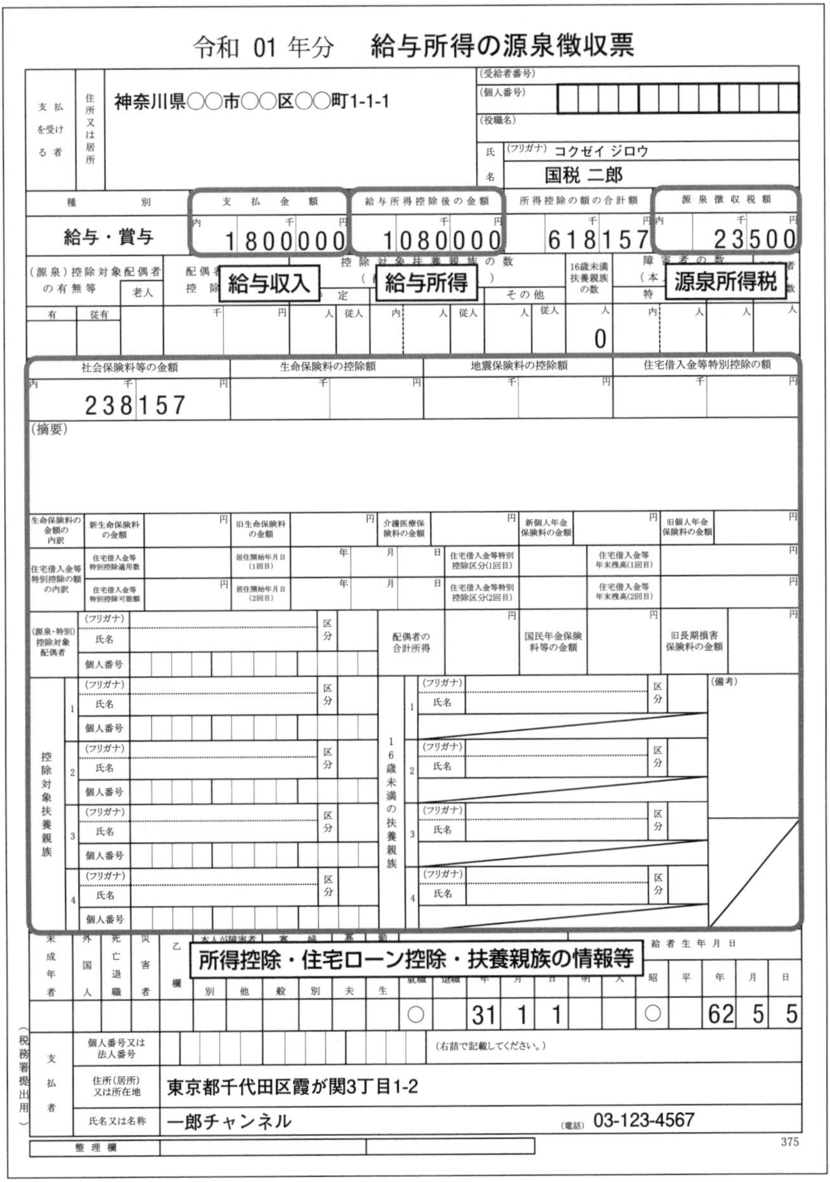

令和 01 年分　給与所得の源泉徴収票

支払を受ける者	住所又は居所	神奈川県〇〇市〇〇区〇〇町1-1-1
(受給者番号)		
(個人番号)		
(役職名)		
氏名	(フリガナ)	コクゼイ ジロウ
		国税 二郎

種別	支払金額	給与所得控除後の金額	所得控除の額の合計額	源泉徴収税額
給与・賞与	1800000	1080000	618157	23500

給与収入　給与所得　源泉所得税

(源泉)控除対象配偶者の有無等	老人	配偶者(特別)控除の額	控除対象扶養親族の数(配偶者を除く) 特定	老人	その他	16歳未満扶養親族の数	障害者の数(本人を除く) 特別	その他	非居住者である親族の数
有　従有						0			

社会保険料等の金額	生命保険料の控除額	地震保険料の控除額	住宅借入金等特別控除の額
238157			

(摘要)

生命保険料の金額の内訳	新生命保険料の金額	円	旧生命保険料の金額	円	介護医療保険料の金額	円	新個人年金保険料の金額	円	旧個人年金保険料の金額 円
住宅借入金等特別控除の額の内訳	住宅借入金等特別控除適用数		居住開始年月日(1回目)	年 月 日	住宅借入金等特別控除区分(1回目)		住宅借入金等年末残高(1回目)	円	
	住宅借入金等特別控除可能額	円	居住開始年月日(2回目)	年 月 日	住宅借入金等特別控除区分(2回目)		住宅借入金等年末残高(2回目)	円	
(源泉・特別)控除対象配偶者	(フリガナ) 氏名 個人番号	区分	配偶者の合計所得	円	国民年金保険料等の金額	円	旧長期損害保険料の金額	円	

控除対象扶養親族			16歳未満の扶養親族			(備考)
1	(フリガナ) 氏名 個人番号	区分	1	(フリガナ) 氏名	区分	
2	(フリガナ) 氏名 個人番号	区分	2	(フリガナ) 氏名	区分	
3	(フリガナ) 氏名 個人番号	区分	3	(フリガナ) 氏名	区分	
4	(フリガナ) 氏名 個人番号	区分	4	(フリガナ) 氏名	区分	

所得控除・住宅ローン控除・扶養親族の情報等

未成年者	外国人	死亡退職	災害者	乙欄	本人が障害者 特別	その他	寡婦 一般	特別	寡夫	勤労学生	中途就・退職 就職	退職	年	月	日	受給者生年月日 明	大	昭	平	年	月	日
											○		31	1	1			○		62	5	5

(税務署提出用)		
支払者	個人番号又は法人番号	(右詰で記載してください。)
	住所(居所)又は所在地	東京都千代田区霞が関3丁目1-2
	氏名又は名称	一郎チャンネル　(電話) 03-123-4567
整理欄		

375

(国税庁ホームページより筆者作成)

(5) 退職所得

退職所得とは、退職手当、一時恩給その他の退職により一時に受ける給与等に係る所得をいい、次の区分によりそれぞれ計算されます（所法30①②)。

区分	退職所得の金額
一般的な退職手当	(収入金額－退職所得控除額)×1／2
特定役員退職手当等	収入金額－退職所得控除額

退職所得控除額は、以下の通り計算されます。

勤続年数	退職所得控除額
20年以下	40万円×勤続年数 (80万円に満たない場合には、80万円)
20年超	800万円＋70万円×(勤続年数－20年)

退職所得の申告は、以下の2つに分けられます。

退職所得の受給に関する申告書の提出がある場合には、源泉徴収だけで所得税の課税関係が終了するので、原則として確定申告を要しません。

一方、退職所得の受給に関する申告書の提出がない場合には、その退職手当の支払い金額に20.42％（所得税・復興特別所得税）の税率を乗じて計算した税額が源泉徴収されます（所法201）ので、確定申告で精算が必要となります。

退職所得の受給に関する申告書

年　月　日 税務署長 市町村長 殿	年分	退職所得の受給に関する申告書 退　職　所　得　申　告　書	支払者受付印

退職手当の支払者の			あなたの		
	所在地（住所）	〒		現住所	〒
	名称（氏名）			氏名	㊞
	法人番号（個人番号）	※提出を受けた退職手当の支払者が記載してください。		個人番号	
				その年1月1日現在の住所	

A　このA欄には、全ての人が、記載してください。（あなたが、前に退職手当等の支払を受けたことがない場合には、下のB以下の各欄には記載する必要がありません。）

① 退職手当等の支払を受けることとなった年月日	年　月　日	③ この申告書の提出先から受ける退職手当等についての勤続期間	自　年　月　日 至　年　月　日	年
		うち特定役員等勤続期間　有・無	自　年　月　日 至　年　月　日	年
② 退職の区分等	一般・障害　（　）　生活扶助の有・無	うち重複勤続期間　有・無	自　年　月　日 至　年　月　日	年

B　あなたが本年中に他にも退職手当等の支払を受けたことがある場合には、このB欄に記載してください。

④ 本年中に支払を受けた他の退職手当等についての勤続期間	自　年　月　日 至　年　月　日		⑤ ③と④の通算勤続期間	自　年　月　日 至　年　月　日	年
			うち特定役員等勤続期間　有・無	自　年　月　日 至　年　月　日	年
うち特定役員等勤続期間　有・無	自　年　月　日 至　年　月　日	年	うち重複勤続期間　有・無	自　年　月　日 至　年　月　日	年

C　あなたが前年以前4年内（その年に確定拠出年金法に基づく老齢給付金として支給される一時金の支払を受ける場合には、14年内）に退職手当等の支払を受けたことがある場合には、このC欄に記載してください。

⑥ 前年以前4年内（その年に確定拠出年金法に基づく老齢給付金として支給される一時金の支払を受ける場合には、14年内）の退職手当等についての勤続期間	自　年　月　日 至　年　月　日	⑦ ③又は⑤の勤続期間のうち、⑥の勤続期間と重複している期間	自　年　月　日 至　年　月　日	年
		㋑ うち特定役員等勤続期間との重複勤続期間　有・無	自　年　月　日 至　年　月　日	年

D　A又はBの退職手当等についての勤続期間のうちに、前に支払を受けた退職手当等についての勤続期間の全部又は一部が通算されている場合には、その通算された勤続期間等について、このD欄に記載してください。

⑧ Aの退職手当等についての勤続期間(③)に通算された前の退職手当等についての勤続期間	自　年　月　日 至　年　月　日	年	⑩ ③又は⑤の勤続期間のうち、⑧又は⑨の勤続期間だけからなる部分の期間	自　年　月　日 至　年　月　日	年
うち特定役員等勤続期間　有・無	自　年　月　日 至　年　月　日	年	㋺ うち特定役員等勤続期間　有・無	自　年　月　日 至　年　月　日	年
⑨ Bの退職手当等についての勤続期間(④)に通算された前の退職手当等についての勤続期間	自　年　月　日 至　年　月　日	年	⑪ ⑦と⑩の通算期間	自　年　月　日 至　年　月　日	年
うち特定役員等勤続期間　有・無	自　年　月　日 至　年　月　日	年	㋩ うち㋑と㋺の通算期間	自　年　月　日 至　年　月　日	年

E　B又はCの退職手当等がある場合には、このE欄にも記載してください。

区分		退職手当等の支払を受けることとなった年月日	収入金額（円）	源泉徴収税額（円）	特別徴収税額 市町村民税（円）	特別徴収税額 道府県民税（円）	支払を受けた年月日	退職の区分	支払者の所在地（住所）・名称（氏名）
B	一般	・　・					・　・	一般・障害	
B	特定役員	・　・					・　・	一般・障害	
C		・　・					・　・	一般・障害	

（注意）1　この申告書は、退職手当等の支払を受ける際に支払者に提出してください。提出しない場合は、所得税及び復興特別所得税の源泉徴収税額は、支払を受ける金額の 20.42％に相当する金額となります。また、市町村民税及び道府県民税については、延滞金を徴収されることがあります。

2　Bの退職手当等がある人は、その退職手当等についての退職所得の源泉徴収票(特別徴収票)又はその写しをこの申告書に添付してください。

3　支払を受けた退職手当等の金額の計算の基礎となった勤続期間に特定役員等勤続期間が含まれる場合は、その旨並びに特定役員等勤続期間、年数及び収入金額等を所定の欄に記載してください。

（規格A4）

27.06 改正

（国税庁ホームページより）

退職金が支給された場合には、「退職所得の源泉徴収票」が発行されます。

「退職所得があった」ということをクライアントからヒアリングした場合には、退職所得の源泉徴収票を依頼しましょう。なお、源泉徴収票の区分が3つありますが、それぞれの意味は以下の通りです。退職所得の受給に関する申告書の提出の有無、複数の退職手当の有無がわかります。

【退職所得の源泉徴収票の3区分】

区分	内容
所得税法 201 条 1 項 1 号	退職所得の受給に関する申告書を提出済みで、他に退職手当がない場合
所得税法 201 条 1 項 2 号	退職手当ての受給に関する申告書を提出済みで、その年中に支払い済の他の退職手当がある場合
所得税法 201 条 3 項	退職手当の受給に関する申告書の提出がない場合

退職所得の源泉徴収票

支払を受ける者	個人番号	
	住所又は居所	
	平成　年1月1日の住所	
	氏名	(役職名)

区分	支払金額	源泉徴収税額	特別徴収税額	
			市町村民税	道府県民税
所得税法第 201 条第1項第1号並びに地方税法第 50 条の6第1項第1号及び第 328 条の6第1項第1号適用分	千　円	千　円	千　円	千　円
所得税法第 201 条第1項第2号並びに地方税法第 50 条の6第1項第2号及び第 328 条の6第1項第2号適用分				
所得税法第 201 条第3項並びに地方税法第 50 条の6第2項及び第 328 条の6第2項適用分				

退職所得控除額	勤続年数	就職年月日	退職年月日
万円	年	年　月　日	年　月　日

(摘要)

支払者	個人番号又は法人番号	(右詰で記載してください。)
	住所(居所)又は所在地	
	氏名又は名称	(電話)

整理欄	①	②

(税務署提出用)

○「個人番号又は法人番号」欄に個人番号（12桁）を記載する場合には、右詰で記載します。

316

(国税庁ホームページより)

(6) 山林所得

山林所得とは、山林の伐採または譲渡による所得をいいます（ただし、山林をその取得の日以後5年以内に譲渡したことによる所得は、事業所得または雑所得となります）（所法32、所基通32-1、32-2）。

山林所得の金額は、その年の山林所得に係る総収入金額から必要経費を差し引き、その残額から山林所得の特別控除（最高50万円）を差し引いて計算します。課税方法は、他の所得と分離し、一旦算出した山林所得の金額を5でわって税率をかけ、再度5をかけるといった方法（申告分離課税、5分5乗方式）が採用されています。

山林所得の金額がある場合には、確定申告書に山林所得収支内訳書の添付が必要となります。

また、伐採または譲渡をした山林に係る情報が必要となりますので、下記の資料を依頼します。

- 伐採または譲渡をした山林の登記簿謄本など、山林の詳細がわかるもの
- 売買契約書など、譲渡年月日や譲渡価額のわかるもの
- 山林を購入したときの売買契約書等、取得価額のわかるもの
- 請求書や領収書など、取得価額以外の必要経費（管理費、伐採費、育成費など）がわかるもの

山林所得収支内訳書

山林所得収支内訳書（計算明細書）

譲渡者	住所		氏名	(フリガナ)	電話番号 (　　)
関与税理士	住所		氏名		電話番号 (　　)

			合計	内訳	訳
特例適用条文				措法　　条	措法　　条
譲渡した山林の明細	山林の所在地番				
	面積 / 皆伐・間伐の区分			ヘクタール　皆伐・間伐	ヘクタール　皆伐・間伐
	樹種 / 樹齢			年	年
	本数 / 数量			本　㎥	本　㎥
	譲渡先 住所又は所在地				
	譲渡先 氏名又は名称				
	譲渡した年月日			年　月　日	年　月　日
	譲渡山林を植林・購入した時期			年　月　日	年　月　日
譲渡価額の総額（収入金額）		①	A　円	円	円
伐採費など	伐採費、運搬費、譲渡費用の額	②	円	円	円
	専従者控除額のうち②に相当する部分の金額	③	円	円	円
	計（②＋③）	④	円	円	円
差引（①－④）		⑤	円	円	円
取得費、管理費など	概算経費率による場合　概算経費の額（⑤×50%）	⑥	円	円	円
	概算経費率によらない場合　植林費、取得に要した経費	⑦	円	円	円
	管理費その他の育成費用	⑧	円	円	円
	③以外の専従者控除額	⑨	円	円	円
	計（⑦＋⑧＋⑨）	⑩	円	円	円
被災事業用資産の損失の金額（保険金等で補塡される部分を除く。）		⑪	円	円	円
必要経費｛④＋（⑥又は⑩）＋⑪｝		⑫	円	円	円
森林計画特別控除（注1）	概算経費率の適用を受ける場合（注2）で計算した金額を記載する。）	⑬	円	円	円
	概算経費率の適用を受けない場合　収入金額基準額（注2）で計算した金額を記載する。）	⑭		円	円
	所得基準額（⑤×50%－⑩）	⑮		円	円
	⑭と⑮のうち低い方の金額	⑯	円	円	円
差引金額｛①－⑫－（⑬又は⑯）｝		⑰	円	円	円
特別控除額		⑱	円		
山林所得金額		⑲	B　円		

（注）1「森林計画特別控除」の欄は、租税特別措置法第30条の2第1項の適用を受ける場合に記載してください。
2 ⑤の金額が2,000万円以下のときは「⑤×20%」、⑤の金額が2,000万円超のときは「⑤×10%＋200万円」で計算した金額を記載してください。

（資7－6－1－A4統一）
（平成28年分以降用）
H30 .11

（国税庁ホームページより）

(7) 譲渡所得

譲渡所得とは、資産の譲渡による所得をいいます（ただし、棚卸資産の譲渡、山林の伐採または譲渡による所得は除かれます）（所法 33 ①②）。

譲渡所得の計算は、以下の区分に応じて行われます。

【譲渡所得の計算区分】

譲渡する資産	総合課税/分離課税	譲渡所得の計算方法
土地・建物以外の有形固定資産、無形固定資産その他の資産（注）	総合課税	収入金額－(取得費＋譲渡費用)
土地、借地権、建物、建物附属設備、構築物（注）	分離課税	収入金額－(取得費＋譲渡費用)
一般株式等	分離課税	総収入金額－(取得費＋借入金利子＋売買委託手数料＋その他譲渡費用)
上場株式等	分離課税	

（注）さらに所有期間が５年以下であれば短期譲渡所得、５年超であれば長期譲渡所得に区分します。

①　譲渡所得（土地・建物以外の有形固定資産、無形固定資産その他の資産）の場合の必要資料

収入金額については、領収書、請求書、契約書などのその資産の譲渡による収入金額がわかるものを依頼します。

また、取得費と譲渡費用については、以下のものを依頼します。

- **譲渡資産の取得費がわかる書類（取得時の請求書等）**
- **譲渡費用（資産を譲渡するために支出した費用）がわかる書類（登記、登録、仲介、運搬その他の費用がわかる請求書等）**

②　譲渡所得（土地・建物）の場合の必要資料

収入金額については、土地・建物を売却する際の売買契約書等、収入金額がわかる書類を依頼します。

また、取得費は、購入代金の他購入手数料、印紙、登録免許税等取得のために直接要した費用が含まれます。これらの金額のわかる書類（購入した際の売買契約書、請求書、領収書等）を依頼します。減価償却資産については取得価額から譲渡日までの減価償却費を差し引いた金額が取得費となります。

なお、特例により、概算取得費として譲渡収入金額の５％を取得費として処理することもできます。

譲渡費用については、譲渡をするためにかかった下記の経費（例）がわかる書類（領収書、請求書等）を依頼します。

- **譲渡契約に関する費用（司法書士への報酬など）**
- **仲介手数料**
- **登記費用**
- **立退料**

これらの資料を基に、譲渡所得の内訳書を作成します。

③　譲渡所得（株式）の場合の必要資料

株式の譲渡所得があり、特定口座を利用している場合には、利子・配当所得のときと同様、金融機関から特定口座年間取引報告書を依頼します。

特定口座年間取引報告書

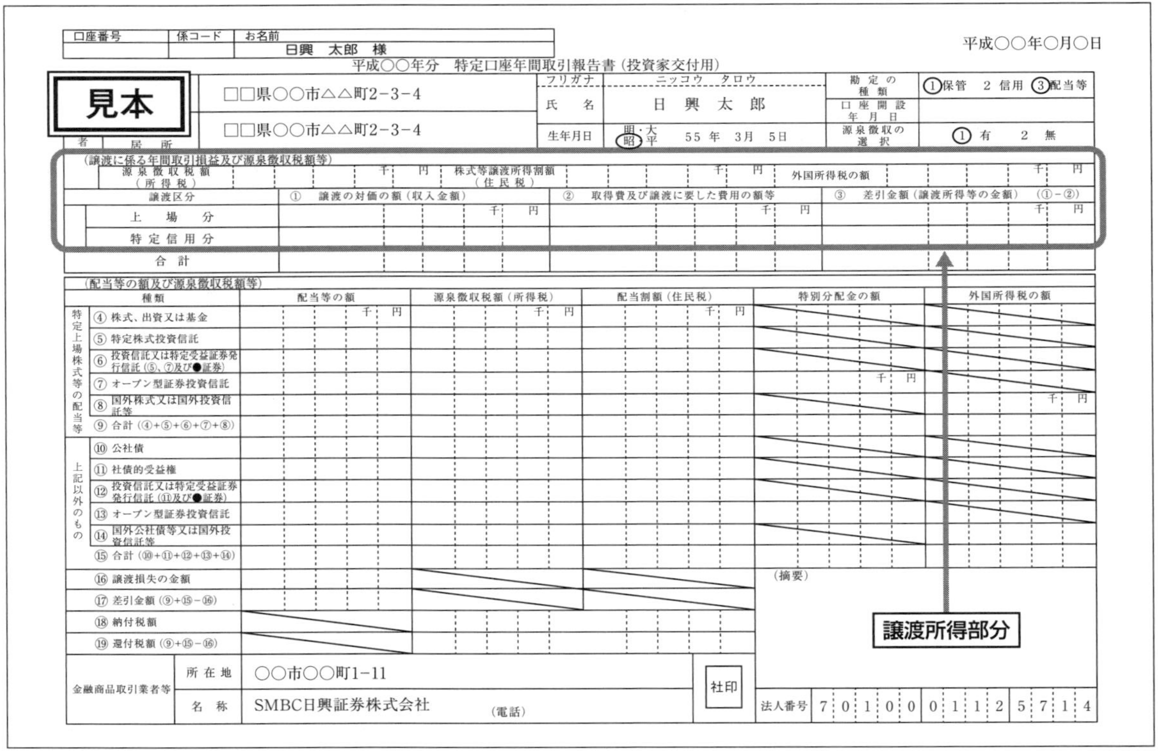

（SMBC 日興証券ホームページより筆者加筆）

特定口座以外を利用して売買を行った場合には、売買金額のわかる売買契約書等の書類を依頼します。前年より繰り越している譲渡損失の有無も前年の確定申告書等で確認しておきましょう。これらの書類を基に、「株式等に係る譲渡所得の金額の計算明細書」を作成します。本書では説明を省きましたが、譲渡所得の計算には多くの特例（居住用財産の譲渡に関する特例など）が存在し、適用可否の検討が必要です。そのため、譲渡所得がある場合にはより詳しくヒアリングする必要があります。

(8) 一時所得

一時所得とは、利子所得、配当所得、不動産所得、事業所得、給与所得、退職所得、山林所得及び譲渡所得以外の所得のうち、営利を目的とする継続的行為から生じた所得以外の一時の所得で、労務その他の役務または資産の譲渡としての性質を有しないものをいいます（所法34①）。

主な例として、法人からの贈与による利益、生命保険金の一時金、懸賞金、競馬の馬券の払戻金などが挙げられます。

一時所得の計算は、その年の総収入金額からその収入を得るために支出した金額を差し引き、その残額から更に一時所得の特別控除額（最高50万円）を差し引いて計算します（所法34②③）。

一時所得の金額わかるものの例として、下記が挙げられます。

- 法人から土地を贈与されたのであれば、土地の価値を算定するために必要な土地の登記簿謄本、生命保険会社から一時金の支払いを受けたのであれば一時金の支払調書など
- 収入を得るために支出した費用（法人からの土地の贈与であれば、名義書換料など）がわかる領収書、請求書等の書類など

(9) 雑所得

雑所得とは、これまでに説明した8種類のいずれの所得にも該当しない所得をいいます（所法35①）。

雑所得は、公的年金等の所得と、それ以外の所得に分類されます。

公的年金等とは、社会保険または共済等に基づく制度から支給される年金、恩給、

社外積立型の企業年金または外部に拠出した企業年金による所得をいいます。その年に受け取った公的年金等の額から公的年金等控除額を差し引いて所得金額を算出します。公的年金等の源泉徴収票を確認すれば所得の金額を把握することができます。

公的年金等の源泉徴収票

平成30年分　公的年金等の源泉徴収票

支払を受ける者				
	住所又は居所			
	(フリガナ)		生年月日	年金の種別
	氏名			(4)

(3) 区　分	支払金額	源泉徴収税額
所得税法第203条の3第1号適用分	(1) 円	(2) 円
所得税法第203条の3第2号適用分	円	円
所得税法第203条の3第3号適用分	＊＊＊＊＊＊＊＊＊＊0 円	＊＊＊＊＊＊＊＊＊＊0 円
所得税法第203条の3第4号適用分	円	円

本人				源泉控除対象配偶者の有無等		控除対象扶養親族の数			16歳未満の扶養親族の数	障害者の数		非居住者である親族の数	社会保険料の額
特別障害者	その他の障害者	特別寡婦	寡婦寡夫	一般	老人	特定	老人	その他		特別	その他		
	(5)			(6)		人	(7) 人	人	(8) 人	人 (9)	人	(10) 人	(11) 円

源泉控除対象配偶者	(フリガナ)		区分	(摘要)
	氏名			
控除対象扶養親族	(フリガナ)		区分	
	氏名	(12)		
	(フリガナ)		区分	
	氏名			
16歳未満の扶養親族	(フリガナ)		区分	
	氏名			
	(フリガナ)		区分	
	氏名			

支払者　法人番号 6000012070001
東京都千代田区霞が関1丁目2番2号
官署支出官 厚生労働省年金局 事業企画課長　印 10mm

（日本年金機構ホームページより）

一方、雑所得のうち、公的年金等以外の所得は範囲がとても広いのですが、一番身近なところでいうと会社員の副業、個人事業主の本業以外の収入が挙げられます。

例えば、本書の冒頭でも説明したインターネットをメインに事業を行う「ネットビジネス」については、会社員が副業で行っている場合には雑所得となります。その他、個人事業主が本業以外のところで得る収入（原稿料、ロイヤリティ、自宅を貸し出す民泊）も雑所得となります。

また、金融関連で雑所得となるものといえば、仮想通貨の使用による所得やFX（外国為替証拠金取引）による所得が挙げられます。

公的年金等以外の雑所得は、総収入金額から必要経費を差し引いて計算します。

なお、雑所得のうちFX（外国為替証拠金取引）による所得については、他の所得と区分して、所得税15％（他に復興特別所得税0.315％）の税率による申告分離課税が採られています。

公的年金等以外の雑所得は数多くありますが、以下に代表的な区分に応じて必要書類を説明します。

①　個人事業主の本業以外の所得がある場合

総収入金額、必要経費のわかる書類を依頼します。

例えば、個人事業主が本業以外で行う執筆に対する原稿料や印税であれば、報酬・料金・契約及び賞金の支払調書が依頼元から発行されている可能性があるので、依頼してみましょう。ただし、基本的には事業所得と同様収入・経費のわかる書類（契約書、請求書、領収書、入出金がされたときの通帳等）が必要となります。

報酬、料金、契約金及び賞金の支払調書

令和１年分　報酬、料金、契約金及び賞金の支払調書

支払を受ける者	住所（居所）又は所在地	東京都千代田区霞が関3丁目1-2	
	氏名又は名称	国税一郎	個人番号又は法人番号

区分	細目	支払金額	源泉徴収税額
原稿料		内 150千000円	内 15千315円

（摘要）

支払者	住所（居所）又は所在地	○○県○○市○○区○○町1-1-1	
	氏名又は名称	株式会社いろは商事 （電話）00-0000-000	個人番号又は法人番号

整理欄	①	②

○「個人番号又は法人番号」欄に個人番号（12桁）を記載する場合には、右詰で記載します。

（国税庁ホームページより筆者作成）

② 仮想通貨の所得がわかる資料

近年、事業のひとつとして、または会社員の副業として仮想通貨投資を行っている人が増えています。

仮想通貨に関しては、比較的新しい分野であり、内容も含め迷われる税理士の方も多いと思います。そこで、仮想通貨取引を行った場合の、課税ポイントを以下の通り整理しました。

仮想通貨を売却したとき	仮想通貨を購入したときよりも高く売れば、その売却益に所得税が課されます。
仮想通貨で商品・サービスを購入したとき	一旦仮想通貨を売却したものとみなされるため、購入したときよりもそのときの時価が値上がりしていれば、値上がり益に所得税が課されます。
仮想通貨と仮想通貨を交換したとき	一旦持っていた仮想通貨を売却したものとされるため、その売却した仮想通貨が値上がりしていたら、値上がり益に所得税が課されます。例えば、ビットコイン（BTC）でイーサリアム（ETH）を購入した場合です。
仮想通貨 FX を行ったとき	仮想通貨 FX で差益が出ている場合には、その差益について所得税が課されます。
仮想通貨をマイニングによって取得したとき	仮想通貨のマイニングを行うことによって仮想通貨を報酬として受け取った場合には、その受け取ったときの時価に換算した金額に対して所得税が課されます。
ICO により売却益が生じたとき	上場する前の仮想通貨（トークン）を購入し、その購入した仮想通貨が上場（ICO）したときに売却することによって売却益を得る投資方法があります。この場合、仮想通貨（トークン）購入時の交換益と、上場後に売却したときの売却益に対して所得税が課されます。

仮想通貨取引がある場合には、次の資料をもらうようにします。

多くの場合、クライアントは仮想通貨の交換業者が運営している仮想通貨取引所を利用して売買を行っています。これらの取引所からは CSV データが取得できるはずですので、全取引データをもらうようにします。なお、国内の取引所だけでなく海外の取引所でも売買を行っている場合には、海外の取引所のデータも忘れずにもらうようにしましょう。

なお、取引所によっては年間の取引報告書をダウンロードできますので入手することによって購入数、売却数、年末の残数、支払手数料等がわかります。

また、マイニングにより得た仮想通貨の取引や、ハードウォレット（インターネットから隔離された仮想通貨を保管するデバイスのこと）等で取引所以外のウォレットを通じて行った取引について、データにできない場合には、取引画面を印刷したものなどをもらうようにします。

なお、仮想通貨の所得計算に関しては、国税庁が「仮想通貨の計算書（総平均法用、移動平均法用）」としてExcelファイルを提供していますので、取引データを転記して効率よく所得計算を行うことができます。

年間取引報告書の例（例：bitFlyer）

年間取引報告書

bitFlyer
株式会社 bit
登録番号 関東財務局

[redacted]
対象期間: 2018/1/1 - 2018/12/31
出力日時: 2019/10/26 22:29

現物取引

購入数　売却数　残数

通貨	年始数量	年中購入数量	年中購入金額(JPY)	年中売却数量	年中売却金額(JPY)	移入数量	移出数量	年末数量
BCH	0.00000000	0.00000000	0	0.00000000	0	0.00000000	0.00000000	0.00000000
BTC	3.11123970	0.00000000	0	3.09721032	3,249,338	0.00001500	0.00000000	0.01404440
ETH	0.00000000	31.93600000	3,249,338	9.93432000	506,262	9.93432000	31.93600000	0.00000000

証拠金取引

通貨	損益合計(JPY)
合計	0

支払手数料

経費

通貨	数量	支払手数料(JPY)
JPY	756	756
合計		756

仮想通貨の計算書（総平均法用）

平成　　年分　仮想通貨の計算書（総平均法用）

氏名　国税一郎

1　仮想通貨の名称　ビットコイン

2　年間取引報告書に関する事項

取引所の名称	購入		売却	
	数量	金額	数量	金額
国税仮想通貨取引所	1.00	600,000	1.00	1,300,000
合計	1.00	600,000	1.00	1,300,000

3　上記２以外の取引に関する事項

月	日	取引先	摘要	購入等		売却等	
				数量	金額	数量	金額
合計				0.00	0	0.00	0

4　仮想通貨の売却原価の計算

	年始残高（※）	購入等	総平均単価	売却原価（※）	年末残高・翌年繰越
数量	(A) 0.00	(C) 1.00	−	(F) 1.00	(H) 0.00
金額	(B) 0	(D) 600,000	(E) 600,000	(G) 600,000	(I) 0

※前年の(H)(I)を記載　　※売却した仮想通貨の取得価額

5　仮想通貨の所得金額の計算

収入金額		必要経費			所得金額
売却価額	証拠金（差益）	売却原価（※）	手数料等	証拠金（差損）	
1,300,000		600,000			700,000

※売却した仮想通貨の取得価額

【参考】
収入金額計　1,300,000
必要経費計　600,000

（国税庁ホームページより筆者作成）

仮想通貨の計算書（移動平均法用）

平成　　年分　仮想通貨の計算書（移動平均法用）

氏名　国税一郎

1　仮想通貨の名称　ビットコイン

2　取引に関する事項

月	日	取引先	摘要	購入等		売却等		残高		
				数量	価額	数量	売却価額	数量	価額	単価
1	1	—	前年繰越	0.00	0	—	—	0.00	0	0.00
3	1			0.50	200,000			0.50	200,000	400,000.00
5	15			0.50	260,000			1.00	460,000	460,000.00
6	20					0.30	550,000	0.70	322,000	460,000.00
7	1			0.30	120,000			1.00	442,000	442,000.00
7	31					1.00	750,000	0.00	0	0.00
				0.30	120,000	1.00	750,000	0.00	0	0.00
合計				1.30	580,000	1.30	1,300,000	0.00	0	0.00

3　仮想通貨の所得金額の計算

収入金額		必要経費			所得金額
売却価額	証拠金（差益）	売却原価（取得価額）	手数料等	証拠金（差損）	
1,300,000		580,000			720,000

【参考】
収入金額計　1,300,000
必要経費計　580,000

（国税庁ホームページより筆者作成）

③　FXの所得がわかる資料

FX（外国為替証拠金取引）を行っている人の場合は、取引所から交付される「年間損益報告書」を依頼します。

分離課税対象のFX取引の場合には、損失が出ている場合、3年間繰越しできる制度があるので、損失の場合にももらうようにします。

年間損益報告書の例

外国為替証拠金取引の確定申告について

当社の外国為替証拠金取引（店頭金融先物取引）の損益（取引によって発生した決済損益、スワップポイントによる損益、及び取引手数料）は雑所得として申告分離課税の対象となります。
確定申告にあたっては、税務署又は税理士等にお問い合わせ・ご相談ください。

課税対象となる外国為替証拠金取引における損益金合計額の証明書

ユーザーID：　　　　氏名　　　　様

（GMOクリック証券株式会社にて上記口座により行った外国為替証拠金取引における損益金とその合計額）

❶	売買損益	0
❷	手数料	0
❸	スワップ	0
❹	合計	0

→ FXの年間損益

（単位　日本円）

2016/01/01～2016/12/31までに行った取引に対する損益の合計額は上記の通りです。

証明日　2016/12/31

（GMOクリック証券ホームページより筆者加筆）

2　所得控除の資料

所得金額が確定したら、所得から差し引くことのできる所得控除に関わる資料を収集・分析します。

(1)　生命保険料控除

生命保険料控除とは、納税者が一定の保険料または掛金（介護医療保険料、個人年金保険料、それ以外の一般の生命保険料）を支払ったときに、下記の一定額をその年分の総所得金額から差し引く制度です（所法76）。

【平成24年1月1日以後に締結した保険契約等　介護保険料、一般の生命保険料（新生命保険料）、個人年金保険料（新個人年金保険料）】

※適用限度額はそれぞれ4万円

年間の支払保険料等	生命保険料控除の額
20,000円以下	支払保険料等の全額
20,000円超40,000円以下	支払保険料等×1/2＋10,000円
40,000円超80,000円以下	支払保険料等×1/4＋20,000円
80,000円超	一律40,000円

【平成23年12月31日以前に締結した保険契約等　一般の生命保険料（旧生命保険料）及び個人年金保険料（旧個人年金保険料）】

※適用限度額はそれぞれ5万円

年間の支払保険料等	生命保険料控除の額
25,000円以下	支払保険料等の全額
25,000円超50,000円以下	支払保険料等×1/2＋12,500円
50,000円超100,000円以下	支払保険料等×1/4＋25,000円
100,000円超	一律50,000円

生命保険料控除を受けるためには、生命保険料控除証明書が必要となりますので、資料依頼リストに記載します。多くの場合、9月〜10月くらいまでの支払額と年間の支払予定額が記載されていますので、年間の支払予定額を申告書に記載します。

また、区分（介護・一般生命（新または旧）・個人年金（新または旧））を間違えないように気を付けます。

生命保険料控除証明書

料金後納
郵　便

親展　重要

550－0002
大阪府大阪市西区江戸堀１丁目２－１

大同　太郎　様

生命保険料控除のご案内
（一般・介護医療用）

お問い合わせ先
「控除証明書」照会窓口
0120－901－362（通話料無料）
受付時間　９：００～１８：００
（土・日・祝日・年末年始を除く）
※プライバシー保護のため、お問い合わせは契約者ご本人またはご家族登録制度のご登録者よりお願いいたします。

1846　2612　0927　　90000001／
00000-000000000000-8581

①はがす　矢印の方向にゆっくりはがしてください。　ご案内は内側にございます。①と②2箇所とも開いてご覧ください。

２０ＸＸ年（令和 Ｘ 年）生命保険料控除証明書（一般・介護医療用）

■適用制度　新　制　度　←旧・新を確認

■契約情報

保険証券番号	０５０－００００００－０
保険種類	無配当定期
保険期間	７２年
契約者	大同　太郎　様
保険金等の受取人	大同　花子　様
契約日または更新日	２０１２年(平成２４年)　４月　１日
払込方法	月　払

■証明額
２０ＸＸ年　９月分までの保険料払込額を下記のとおり証明します。

一般	一般生命保険料①	配当金(相当額)②	一般証明額　①－②
	90, 000 円	*** 円	90, 000 円
介護医療	介護医療保険料③	配当金(相当額)④	介護医療証明額③－④
	45, 000 円	*** 円	45, 000 円

■参考
月払・半年払契約で、本年中に２０ＸＸ年１２月分までの保険料を払込いただいた場合、申告額は下記のとおりとなります。

一般	年間一般生命保険料①	配当金(相当額)②	一般申告額　①－②
	120, 000 円	*** 円	120, 000 円
介護医療	年間介護医療保険料③	配当金(相当額)④	介護医療申告額③－④
	60, 000 円	*** 円	60, 000 円

←控除の対象となる保険料の額

大同生命保険株式会社

証明日　２０ＸＸ年１０月　５日

申告上、注意が必要です

(1)本証明書は「確定申告書」または「保険料控除申告書」に添えて提出してください。旧制度では、契約の年間払込額（配当金を差引く）が9,000円以下の場合、添付不要です。

(2)生命保険金等の受取人が「契約者」「配偶者」「親族（６親等以内の血族と３親等以内の姻族）」の場合、生命保険料控除を受けられます。

(3)「■証明額」欄は、本年１月から証明日までの払込保険料等の累計額を記載しています。証明日以降に保険料を払込む場合、「■参考」欄の金額を申告してください。

(4)配当方法が保険料差引扱・積立扱の場合、保険料から配当金を差引いた金額が証明額（申告額）となります。

(5)契約者変更された場合、旧契約者が証明年内に払込みされた保険料等を含め算出しています。

この証明書は保険料控除申告以外には使用できません。また、記載事項を訂正された場合、無効となります。

裏面に税制改正について記載しています。詳細をみる▶

（大同生命保険ホームページより筆者加筆）

(2) 社会保険料控除

社会保険料控除とは、納税者が自己または納税者と生計を一にする配偶者その他の親族が払うべき社会保険料を支払った場合に、その金額を所得から差し引くことができる制度です（所法74）。

フリーランス・個人事業主が支払うものは主に国民健康保険料・国民年金となります。

国民健康保険料については、「年間納付済額のお知らせ」といった通知で金額を確認し申告書に記載します。

国民年金については国民年金保険料控除証明書を確認し、年間の支払予定額を申告書に記載します。

国民健康保険料の年間納付済額のお知らせ

国民健康保険料の年間納付済額のお知らせ

住　所

世帯主

証番号

令和元年中に納付した国民健康保険料額

普通徴収	
特別徴収	
合計額	

◎　このお知らせについての詳細は右側の説明をご覧ください。

《お問い合わせ先》

（神戸市ホームページより）

国民年金保険料控除証明書

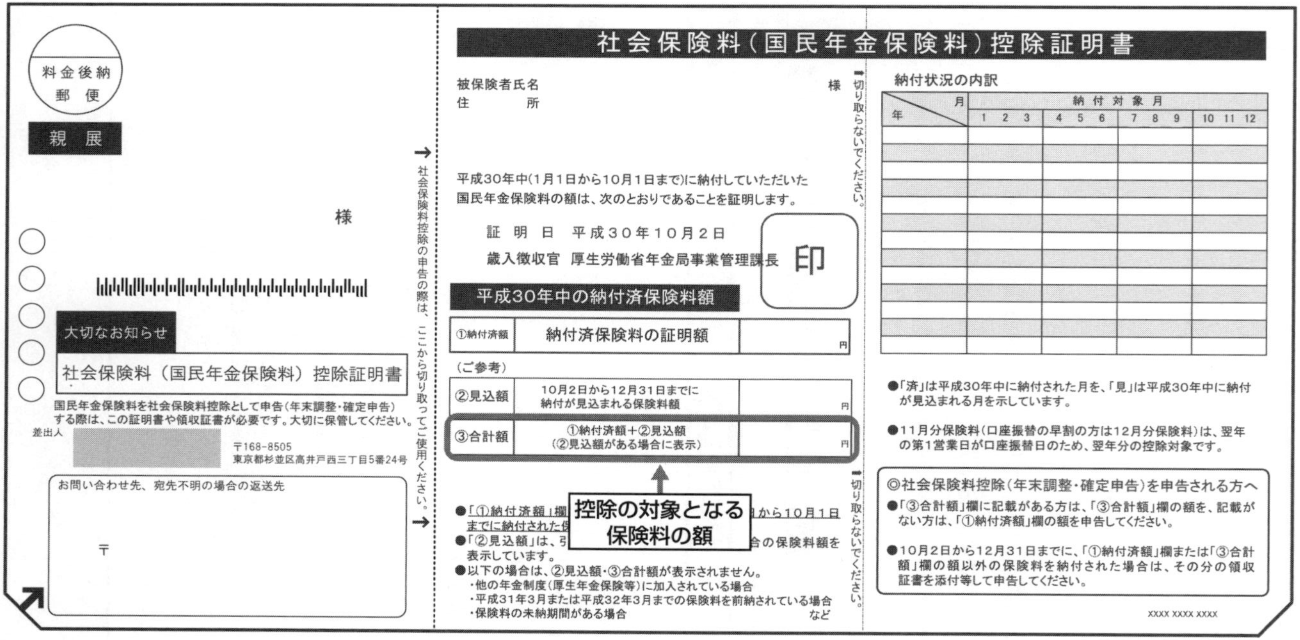

料金後納郵便

親展

様

大切なお知らせ

社会保険料（国民年金保険料）控除証明書

国民年金保険料を社会保険料控除として申告（年末調整・確定申告）する際は、この証明書や領収証書が必要です。大切に保管してください。

差出人

〒168-8505
東京都杉並区高井戸西三丁目5番24号

お問い合わせ先、宛先不明の場合の返送先

〒

→社会保険料控除の申告の際は、ここから切り取ってご使用ください。→

社会保険料（国民年金保険料）控除証明書

被保険者氏名　　　様
住　　　所

平成30年中（1月1日から10月1日まで）に納付していただいた国民年金保険料の額は、次のとおりであることを証明します。

証明日　平成30年10月2日
歳入徴収官　厚生労働省年金局事業管理課長　印

平成30年中の納付済保険料額

①納付済額	納付済保険料の証明額	円

（ご参考）

②見込額	10月2日から12月31日までに納付が見込まれる保険料額	円
③合計額	①納付済額＋②見込額（②見込額がある場合に表示）	円

控除の対象となる保険料の額

●「①納付済額」欄……から10月1日までに納付された保……
●「②見込額」は、……の保険料額を表示しています。
●以下の場合は、②見込額・③合計額が表示されません。
・他の年金制度（厚生年金保険等）に加入されている場合
・平成31年3月または平成32年3月までの保険料を前納されている場合
・保険料の未納期間がある場合　など

➡切り取らないでください。

納付状況の内訳

年＼月	納付対象月 1 2 3	4 5 6	7 8 9	10 11 12

●「済」は平成30年中に納付された月を、「見」は平成30年中に納付が見込まれる月を示しています。

●11月分保険料（口座振替の早割の方は12月分保険料）は、翌年の第1営業日が口座振替日のため、翌年分の控除対象です。

◎社会保険料控除（年末調整・確定申告）を申告される方へ
●「③合計額」欄に記載がある方は、「③合計額」欄の額を、記載がない方は、「①納付済額」欄の額を申告してください。
●10月2日から12月31日までに、「①納付済額」欄または「③合計額」欄の額以外の保険料を納付された場合は、その分の領収証書を添付等して申告してください。

XXXX XXXX XXXX

（日本年金機構ホームページより筆者加筆）

(3) 医療費控除

医療費控除とは、納税者が自己または納税者と生計を一にする配偶者その他の親族の医療費を支払った場合に、下記の金額を納税者の所得から差し引くことのできる制度です（所法73）。

（その年中に支払った医療費の額－保険金などで補填される金額）
－（10万円または総所得金額の合計額×5％のうちいずれか低い額）
＝医療費控除額（最高200万円）

医療費控除を受けるためには、医療費控除の明細書を作成しなければなりません（一定の事項が記載された医療費通知を添付することによって記入を簡略化することも可能です）。

この医療費控除の明細書については、クライアントに自分で作ってもらうのが理想的です。難しい場合には領収書をもらって税理士側で作ります。

ただしタクシー代など、領収書が出ないものについては別途メモ書き等をもらって処理する必要があるので、資料依頼リストに注意書きをしておきましょう。

なお、可能な限り医療費控除の明細書はExcelでもらうようにします。国税庁のホームページからExcelのフォーマットを入手できますので、クライアントに送り入力してもらうのがおすすめです。データで入手できれば、税務ソフトや確定申告書作成コーナーに取り込むことができ、業務を効率化できます。

医療費控除の明細書

平成
令和 01 年分　医療費控除の明細書【内訳書】

※この控除を受ける方は、セルフメディケーション税制は受けられません。

住　所　東京都千代田区霞が関３丁目１－２　　　氏　名　国税一郎

この明細書は、申告書と一緒に提出してください。

1 医療費通知に関する事項

医療費通知(※)を添付する場合、右記の(1)〜(3)を記入します。

※医療保険者が発行する医療費の額等を通知する書類で、次の６項目が記載されたものをいいます。
（例：健康保険組合等が発行する「医療費のお知らせ」）
（①被保険者等の氏名、②療養を受けた年月、③療養を受けた者、④療養を受けた病院・診療所・薬局等の名称、⑤被保険者等が支払った医療費の額、⑥保険者等の名称）

(1) 医療費通知に記載された医療費の額	(2) (1)のうちその年中に実際に支払った医療費の額	(3) (2)のうち生命保険や社会保険などで補てんされる金額
円	㋐ 円	㋑ 円

2 医療費（上記１以外）の明細

「領収書１枚」ごとではなく、
「医療を受けた方」・「病院等」ごとにまとめて記入できます。

(1) 医療を受けた方の氏名	(2) 病院・薬局などの支払先の名称	(3) 医療費の区分	(4) 支払った医療費の額	(5) (4)のうち生命保険や社会保険などで補てんされる金額
国税一郎	○○病院	☑診療・治療 ☐介護保険サービス ☐医薬品購入 ☐その他の医療費	15,000円	円
国税一郎	○○歯科	☑診療・治療 ☐介護保険サービス ☐医薬品購入 ☐その他の医療費	12,000	
国税二郎	○○薬局	☐診療・治療 ☐介護保険サービス ☑医薬品購入 ☐その他の医療費	56,000	
国税花子	○○クリニック	☑診療・治療 ☐介護保険サービス ☐医薬品購入 ☐その他の医療費	15,000	
国税太郎	○○夜間医療センター	☑診療・治療 ☐介護保険サービス ☐医薬品購入 ☐その他の医療費	12,000	
国税一郎	○○大学病院	☑診療・治療 ☐介護保険サービス ☐医薬品購入 ☐その他の医療費	30,000	
		☐診療・治療 ☐介護保険サービス ☐医薬品購入 ☐その他の医療費		
		☐診療・治療 ☐介護保険サービス ☐医薬品購入 ☐その他の医療費		
		☐診療・治療 ☐介護保険サービス ☐医薬品購入 ☐その他の医療費		
		☐診療・治療 ☐介護保険サービス ☐医薬品購入 ☐その他の医療費		
		☐診療・治療 ☐介護保険サービス ☐医薬品購入 ☐その他の医療費		
		☐診療・治療 ☐介護保険サービス ☐医薬品購入 ☐その他の医療費		
		☐診療・治療 ☐介護保険サービス ☐医薬品購入 ☐その他の医療費		
		☐診療・治療 ☐介護保険サービス ☐医薬品購入 ☐その他の医療費		
		☐診療・治療 ☐介護保険サービス ☐医薬品購入 ☐その他の医療費		
		☐診療・治療 ☐介護保険サービス ☐医薬品購入 ☐その他の医療費		
２の合計			㋒ 130,000	㋓

医療費の合計	A	(㋐+㋒) 130,000円	B	(㋑+㋓) 円

3 控除額の計算

支払った医療費	(合計) 130,000円	A
保険金などで補てんされる金額		B
差引金額（Ⓐ－Ⓑ）	(赤字のときは0円) 130,000	C
所得金額の合計額	8,196,000	D
Ⓓ×0.05	(赤字のときは0円) 409,800	E
Ⓔと10万円のいずれか少ない方の金額	100,000	F
医療費控除額（Ⓒ－Ⓕ）	(最高200万円、赤字のときは0円) 30,000	G

A・B → 申告書第二表の「所得から差し引かれる金額に関する事項」の医療費控除欄に転記します。

D ← 申告書第一表の「所得金額」の合計欄の金額を転記します。
（注）次の場合には、それぞれの金額を加算します。
・退職所得及び山林所得がある場合・・・その所得金額
・ほかに申告分離課税の所得がある場合・・・その所得金額（特別控除前の金額）
なお、損失申告の場合には、申告書第四表（損失申告用）の「４繰越損失を差し引く計算」欄の(63)の金額を転記します。

G → 申告書第一表の「所得から差し引かれる金額」の医療費控除欄に転記します。

01.11

（国税庁確定申告書作成コーナーより筆者作成）

(4) 地震保険料控除

地震保険料控除とは、納税者が、納税者または生計を一にする配偶者その他の親族の所有する居住用家屋または所有する生活に通常必要な動産について支払った地震保険料等について一定額を納税者の所得から差し引く制度です（所法 77)。

【地震保険料控除額の計算】

区分	保険料の金額	地震保険料控除の額
地震保険料のすべてが地震保険料控除の対象となる損害保険契約である場合	—	その年中に支払った地震保険料の金額の合計額（最高 5 万円）
地震保険料に係る契約のすべてが旧長期損害保険契約に該当するものである場合	10,000 円以下	その合計額
	10,000 円超 20,000 円以下	支払い保険料×1/2＋5,000 円
	20,000 円超	15,000 円
上記 2 つが両方ある場合	2 つの合計が 50,000 円以下	上記で計算した合計額
	2 つの合計が 50,000 円超	5 万円

地震保険料控除については、年末近くに送られてくる地震保険料控除証明書を依頼して金額を把握するようにします。

地震保険料控除証明書

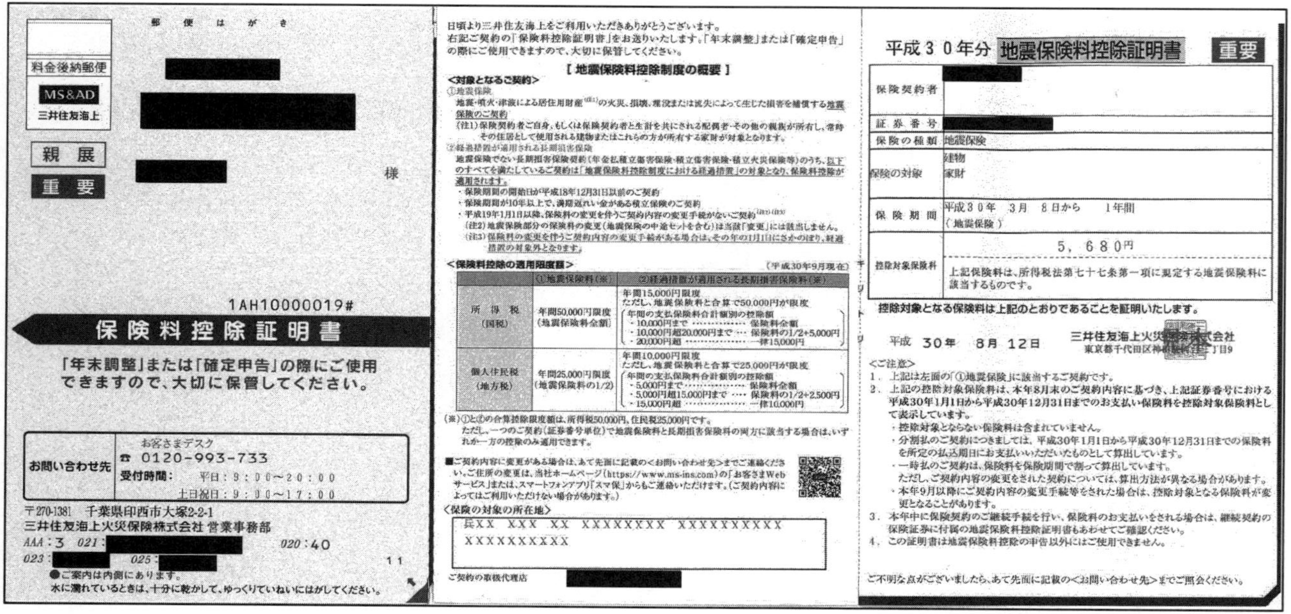

郵便はがき

料金後納郵便

MS&AD 三井住友海上

親展

重要

[redacted]

[redacted]

[redacted] 様

1AH10000019#

保険料控除証明書

「年末調整」または「確定申告」の際にご使用できますので、大切に保管してください。

お問い合わせ先	お客さまデスク ☎ 0120-993-733 受付時間： 平日：9：00～20：00 土日祝日：9：00～17：00

〒270-1381 千葉県印西市大塚2-2-1

三井住友海上火災保険株式会社 営業事務部

AAA：3 021：[redacted] 020：40

023：[redacted] 025：[redacted] 11

●ご案内は内側にあります。

水に濡れているときは、十分に乾かして、ゆっくりていねいにはがしてください。

日頃より三井住友海上をご利用いただきありがとうございます。
右記ご契約の「保険料控除証明書」をお送りいたします。「年末調整」または「確定申告」の際にご使用できますので、大切に保管してください。

[地震保険料控除制度の概要]

<対象となるご契約>

①地震保険

地震・噴火・津波による居住用財産(注1)の火災、損壊、埋没または流失によって生じた損害を補償する地震保険のご契約

(注1)保険契約者ご自身、もしくは保険契約者と生計を共にされる配偶者・その他の親族が所有し、常時その住居として使用される建物またはこれらの方が所有する家財が対象となります。

②経過措置が適用される長期損害保険

地震保険でない長期損害保険契約(年金払積立傷害保険・積立傷害保険・積立火災保険等)のうち、以下のすべてを満たしているご契約は「地震保険料控除制度における経過措置」の対象となり、保険料控除が適用されます。

・保険期間の開始日が平成18年12月31日以前のご契約
・保険期間が10年以上で、満期返れい金がある積立保険のご契約
・平成19年1月1日以降、保険料の変更を伴うご契約内容の変更手続がないご契約(注2)(注3)

(注2)地震保険部分の保険料の変更(地震保険の中途セットを含む)は当該「変更」には該当しません。
(注3)保険料の変更を伴うご契約内容の変更手続がある場合は、その年の1月1日にさかのぼり、経過措置の対象外となります。

<保険料控除の適用限度額> (平成30年9月現在)

	①地震保険料(※)	②経過措置が適用される長期損害保険料(※)
所得税 (国税)	年間50,000円限度 (地震保険料全額)	年間15,000円限度 ただし、地震保険料と合算で50,000円が限度 年間の支払保険料合計額別の控除額 ・10,000円まで ……… 保険料全額 ・10,000円超20,000円まで … 保険料の1/2+5,000円 ・20,000円超 ……… 一律15,000円
個人住民税 (地方税)	年間25,000円限度 (地震保険料の1/2)	年間10,000円限度 ただし、地震保険料と合算で25,000円が限度 年間の支払保険料合計額別の控除額 ・5,000円まで ……… 保険料全額 ・5,000円超15,000円まで … 保険料の1/2+2,500円 ・15,000円超 ……… 一律10,000円

(※)①と②の合算控除限度額は、所得税50,000円、住民税25,000円です。
ただし、一つのご契約(証券番号単位)で地震保険料と長期損害保険料の両方に該当する場合は、いずれか一方の控除のみ適用できます。

■ご契約内容に変更がある場合は、あて先面に記載の<お問い合わせ先>までご連絡ください。ご住所の変更は、当社ホームページ(https://www.ms-ins.com)の「お客さまWebサービス」または、スマートフォンアプリ「スマ保」からもご連絡いただけます。(ご契約内容によってはご利用いただけない場合があります。)

<保険の対象の所在地>

兵XX XXX XX XXXXXXXX XXXXXXXXXX
XXXXXXXXXX

ご契約の取扱代理店 [redacted]

キリトリ

平成３０年分 地震保険料控除証明書 重要

保険契約者	[redacted]
証券番号	[redacted]
保険の種類	地震保険
保険の対象	建物 家財
保険期間	平成３０年 ３月 ８日から １年間 (地震保険)
控除対象保険料	５，６８０円 上記保険料は、所得税法第七十七条第一項に規定する地震保険料に該当するものです。

控除対象となる保険料は上記のとおりであることを証明いたします。

平成 30年 8月 12日

三井住友海上火災保険株式会社
東京都千代田区神田駿河台三丁目9

<ご注意>

1. 上記は左面の「①地震保険」に該当するご契約です。
2. 上記の控除対象保険料は、本年8月末のご契約内容に基づき、上記証券番号における平成30年1月1日から平成30年12月31日までのお支払い保険料を控除対象保険料として表示しています。
・控除対象とならない保険料は含まれていません。
・分割払のご契約につきましては、平成30年1月1日から平成30年12月31日までの保険料を所定の払込期日にお支払いいただいたものとして算出しています。
・一時払のご契約は、保険料を保険期間で割って算出しています。
ただし、ご契約内容の変更をされた契約については、算出方法が異なる場合があります。
・本年9月以降にご契約内容の変更手続等をされた場合は、控除対象となる保険料が変更となることがあります。
3. 本年中に保険契約のご継続手続を行い、保険料のお支払いをされる場合は、継続契約の保険証券に付属の地震保険料控除証明書もあわせてご確認ください。
4. この証明書は地震保険料控除の申告以外にはご使用できません。

ご不明な点がございましたら、あて先面に記載の<お問い合わせ先>までご照会ください。

(三井住友海上ホームページより)

(5) 寄附金控除

寄附金控除とは、納税者が国または地方公共団体等、特定の団体に対して寄附金を支出した場合に、次の金額を納税者の所得から差し引くことのできる制度です(所法78)。

寄附金の額または総所得金額の合計額の40％相当額のいずれか低い金額－2,000円

寄附金控除を受けるには、寄附金受領証明書が必要となります。年末近くに寄付をした場合には、証明書が3月15日ギリギリに届くこともあるので注意が必要です。

寄附金受領証明書

様式1

寄附金受領証明書

住所　東京都千代田区霞が関３丁目１－２

氏名　国税一郎　様

¥　10,000

上記の金額を受領いたしました。

平成31年　1月　1日

印

(埼玉県ホームページより筆者作成)

(6) 配偶者控除

配偶者控除とは、納税者が控除対象配偶者（同一生計で、合計所得金額が1,000万円以下の納税者の配偶者）を有する場合に、納税者のその年分の所得金額から次に掲げる区分に応じた金額を控除するものです（所法83）。

納税者本人の合計所得金額	控除対象配偶者	老人控除対象配偶者 （70歳以上）
900万円以下	38万円	48万円
900万円超950万円以下	26万円	32万円
950万円超1,000万円以下	13万円	16万円
1,000万円超	0	0

配偶者控除を受けるには、配偶者の年収の情報が必要となります。配偶者に収入があるか確認後、源泉徴収票等、配偶者の年収がわかる資料を依頼します。

(7) 配偶者特別控除

配偶者特別控除とは、納税者が生計を一にする配偶者（青色事業専従者及び事業専従者を除く）で配偶者控除の対象とならない者を有する場合に、納税者のその年分の所得金額から次の金額を差し引くことのできる制度です（所法83の2）。

【配偶者特別控除の金額（令和2年分～）】

配偶者の合計所得金額	納税者本人の合計所得金額		
	900万以下	900万超 950万以下	950万超 1,000万以下
38万円超　95万円以下	38万円	26万円	13万円
95万円超　100万円以下	36万円	24万円	12万円
100万円超　105万円以下	31万円	21万円	11万円
105万円超　110万円以下	26万円	18万円	9万円
110万円超　115万円以下	21万円	14万円	7万円
115万円超　120万円以下	16万円	11万円	6万円
120万円超　125万円以下	11万円	8万円	4万円
125万円超　130万円以下	6万円	4万円	2万円
130万円超　133万円以下	3万円	2万円	1万円
133万円超	0	0	0

配偶者特別控除についても、配偶者の年収の情報が必要となるので源泉徴収票等、配偶者の年収がわかる資料をもらいましょう。

(8) 小規模共済等掛金控除

小規模企業共済等掛金控除とは、納税者が下記の掛金を支払った場合に、支払った金額の全額を納税者のその年分の所得から差し引くことのできる制度です（所法75)。

- 小規模企業共済法に規定する共済契約に基づく掛金
- 確定拠出年金法に規定する企業型年金又は個人型年金の加入者掛金（iDeCo）
- 地方公共団体が実施する心身障害者扶養共済制度に係る契約に基づく掛金

小規模企業共済やiDeCoに加入している場合にはそれぞれ掛金払込証明書が送られてきているはずなのでクライアントに確認を依頼します。

なお、小規模共済掛金は月額のみ記載されており、加入月からの払込金額を計算する必要があるので気を付けます。

小規模企業共済掛金払込証明書のイメージ

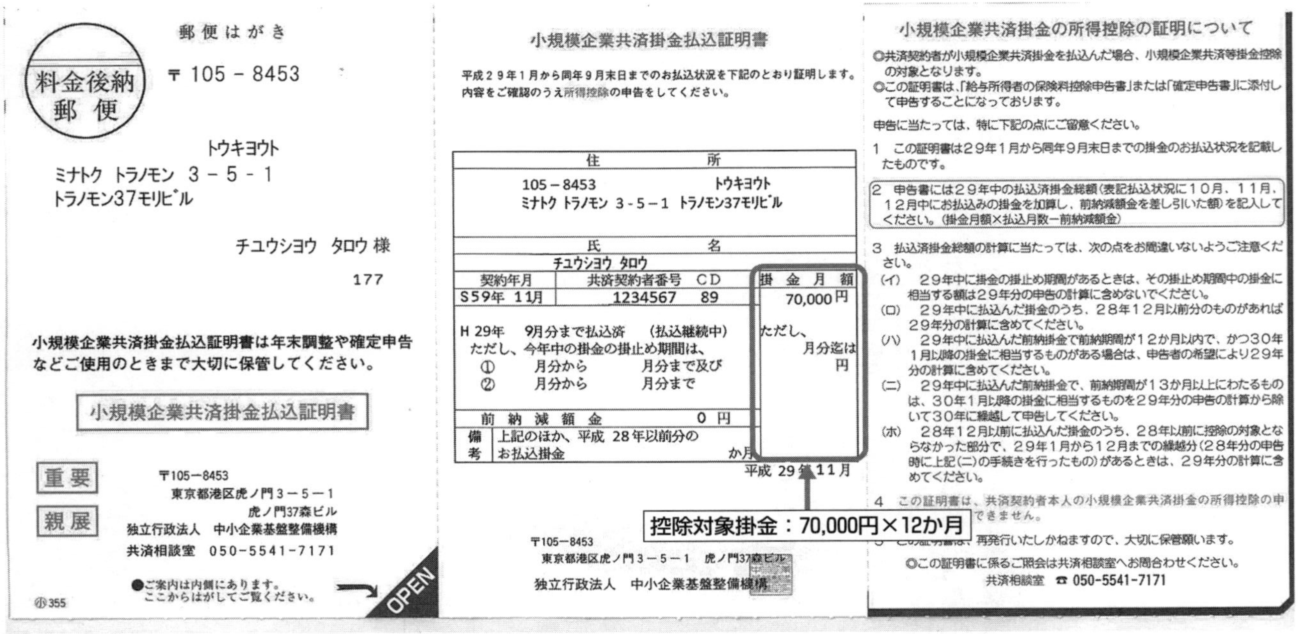
郵便はがき
料金後納 郵便
〒 105 - 8453
トウキヨウト
ミナトク トラノモン 3 - 5 - 1
トラノモン37モリビル
チユウシヨウ タロウ 様
177
小規模企業共済掛金払込証明書は年末調整や確定申告などご使用のときまで大切に保管してください。
小規模企業共済掛金払込証明書
重要
親展
〒105－8453
東京都港区虎ノ門３－５－１
虎ノ門37森ビル
独立行政法人 中小企業基盤整備機構
共済相談室 050－5541－7171
●ご案内は内側にあります。
ここからはがしてご覧ください。
小355
OPEN

小規模企業共済掛金払込証明書

平成２９年１月から同年９月末日までのお払込状況を下記のとおり証明します。
内容をご確認のうえ所得控除の申告をしてください。

住	所		
105－8453 トウキヨウト ミナトク トラノモン 3-5-1 トラノモン37モリビル			
氏	名		
チユウシヨウ タロウ			
契約年月	共済契約者番号	CD	掛金月額
S59年 11月	1234567	89	70,000円
H 29年 9月分まで払込済 (払込継続中) ただし、今年中の掛金の掛止め期間は、 ① 月分から 月分まで及び ② 月分から 月分まで			ただし、 月分迄は 円
前納減額金 0 円			
備考 上記のほか、平成 28年以前分の お払込掛金 か月			

平成 29年 11月

〒105－8453
東京都港区虎ノ門３－５－１ 虎ノ門37森ビル
独立行政法人 中小企業基盤整備機構

控除対象掛金：70,000円×12か月

小規模企業共済掛金の所得控除の証明について

◎共済契約者が小規模企業共済掛金を払込んだ場合、小規模企業共済等掛金控除の対象となります。
◎この証明書は、「給与所得者の保険料控除申告書」または「確定申告書」に添付して申告することになっております。

申告に当たっては、特に下記の点にご留意ください。

1 この証明書は２９年１月から同年９月末日までの掛金のお払込状況を記載したものです。

2 申告書には２９年中の払込済掛金総額（表記払込状況に１０月、１１月、１２月中にお払込みの掛金を加算し、前納減額金を差し引いた額）を記入してください。（掛金月額×払込月数－前納減額金）

3 払込済掛金総額の計算に当たっては、次の点をお間違いないようご注意ください。
(イ) ２９年中に掛金の掛止め期間があるときは、その掛止め期間中の掛金に相当する額は２９年分の申告の計算に含めないでください。
(ロ) ２９年中に払込んだ掛金のうち、２８年１２月以前分のものがあれば２９年分の計算に含めてください。
(ハ) ２９年中に払込んだ前納掛金で前納期間が１２か月以内で、かつ３０年１月以降の掛金に相当するものがある場合は、申告者の希望により２９年分の計算に含めてください。
(ニ) ２９年中に払込んだ前納掛金で、前納期間が１３か月以上にわたるものは、３０年１月以降の掛金に相当するものを２９年分の申告の計算から除いて３０年に繰越して申告してください。
(ホ) ２８年１２月以前に払込んだ掛金のうち、２８年以前に控除の対象とならなかった部分で、２９年１月から１２月までの繰越分（２８年分の申告時に上記(ニ)の手続きを行ったもの）があるときは、２９年分の計算に含めてください。

4 この証明書は、共済契約者本人の小規模企業共済掛金の所得控除の申…できません。

5 …再発行いたしかねますので、大切に保管願います。

◎この証明書に係るご照会は共済相談室へお問合わせください。
共済相談室 ☎ 050-5541-7171

（独立行政法人 中小企業基盤整備機構ホームページより筆者加筆）

小規模企業共済等掛金払込証明書　確定拠出年金（個人型年金）

料金後納郵便
個人型
確定拠出年金

親展

郵便はがき

101－0065
東京都千代田区西神田三丁目2番1号
千代田ファーストビル南館

英雄　太郎　様

重要 **小規模企業共済等掛金控除証明書**
年末調整 や **確定申告** の際に必要です。

国民年金基金連合会
〒106―0032
東京都港区六本木６丁目１番21号
三井住友銀行六本木ビル
電話　０５７０-００３-１０５
（050で始まる電話でおかけになる場合は03-6632-2724）

iDeCo

ご案内は内側にあります。
矢印方向にゆっくりていねいに開いて中をご覧ください。
裏面からも同様に左下より開いて中をご覧ください。
万一、このはがきが湿っている場合は、十分に乾かしてから開けてください。

重要

令和　１年分小規模企業共済等掛金払込証明書
確定拠出年金（個人型年金）

氏名　英雄　太郎　様

住所　東京都千代田区西神田三丁目２番１号
千代田ファーストビル南館

本年９月までに払い込まれた金額	¥180,000－
１０～１２月に払い込まれる予定金額	¥60,000－
合計金額	¥240,000－

令和　1年10月16日発行

〒106－0032
東京都港区六本木６丁目１番21号
三井住友銀行六本木ビル

国民年金基金連合会

見本

（au アセットマネジメント株式会社ホームページより）

(9) 雑損控除

雑損控除とは、納税者または納税者と生計を一にする配偶者その他の親族の有する資産について、災害、盗難または横領による損害を受け、やむを得ない支出をした場合に、その損失の金額のうち次の金額を、納税者のその年分の総所得金額等から差し引くことのできる制度です（所法72）。

【雑損控除の金額】

次の2つのうちいずれか多い金額 (1)　損失額－(総所得金額等)×10％ (2)　(損失額のうち災害関連支出の金額)－5万円

雑損控除を受けるためには、災害等に関連してやむを得ない支出をした金額が分かる書類（請求書、領収書等）を添付する必要があります。質問と一緒に資料依頼リストに記載しておきましょう。

(10) 寡婦（夫）控除

寡婦（夫）控除とは、納税者が配偶者と死別等して寡婦または寡夫である場合に、下記の区分に応じて所得金額から27万円（特定の寡婦に該当する場合には35万円）を差し引く制度です（所法81）。

【寡婦（夫）の区分と控除額】

区分	内容	親族要件	所得要件	控除額
寡婦	・夫と死別後、婚姻をしていない ・夫と離婚後、婚姻をしていない ・夫の生死が明らかでない	扶養親族である子	合計所得金額500万円以下	35万円
		総所得金額等が38万円以下で扶養親族その他生計を一にする子	なし	27万円
	・夫と死別後、婚姻をしていない ・夫の生死が明らかでない	―	合計所得金額500万円以下	27万円
寡夫	・妻と死別後、婚姻をしていない ・妻と離婚後、婚姻をしていない ・妻の生死が明らかでない	総所得金額が38万円以下で生計を一にする子	合計所得金額500万円以下	27万円

寡婦（夫）控除の適用があるかを判断するために、資料依頼リストに適用の可否を確認する質問を入れておきましょう。

(11) 勤労学生控除

勤労学生控除とは、納税者が勤労学生である場合に、その年分の所得金額から27万円を控除する制度です（所法82）。

勤労学生とは、事業所得・給与所得・退職所得または雑所得を有する下記に掲げる学生で合計所得金額が65万円（令和2年分からは75万円）以下で、かつ上記に掲げた所得以外の所得金額が10万円以下である者をいいます。

- **学校教育法に規定する学校の学生**
- **国、地方公共団体、学校法人などが設置した専修学校または各種学校の生徒で、職業に必要な技術の教授をするなど一定の要件に該当する課程を履修するもの**
- **職業訓練法人の行う認定職業訓練を受けた者で、一定の要件に該当する課程を履修するもの**

専修学校、各種学校または職業訓練学校の生徒が勤労学生控除の適用を受けようとする場合には、専修学校の長等から交付を受けた一定の証明書等の確定申告書への添付が必要となりますので、質問と併せて資料依頼リストに記載します。

(12) 扶養控除

扶養控除とは、納税者が控除対象扶養親族（控除の対象となる合計所得金額が38万円（令和2年分からは48万円）以下の扶養親族で、16歳以上の親族が該当します）を有する場合に、納税者のその年分の総所得金額から、次に掲げる区分に応じた金額を差し引く制度です（所法84）。

【扶養控除の金額】

区分		控除額（1人当たり）
一般の控除対象扶養親族 （年齢16歳以上の扶養親族で下記以外の者）		380,000円
特定扶養親族 （年齢19歳以上23歳未満の扶養親族）		630,000円
老人扶養親族（年齢70歳以上の扶養親族）	同居老親等以外	480,000円
	同居老親等	580,000円

扶養控除については、控除対象扶養親族を有するかどうかの質問をあらかじめリストに入れておきます。控除対象扶養親族がいる場合にはマイナンバーの情報も依頼しましょう。

なお、国外居住親族に係る扶養控除の適用を受ける場合以下の書類を確定申告書に添付する必要があります。

① 親族関係書類

国外に住む親族が、納税者の親族であることを証明する書類です。次のいずれかの書類が必要となります。なお、後者の場合には日本語での翻訳文も添付する必要があります。

- **日本または地方公共団体が発行した戸籍の附票の写し及び国外に居住する親族の旅券の写し**
- **外国政府または外国の地方公共団体が発行した書類（日本の住民票のようなもの。親族の氏名、生年月日及び住所または居所の記載があるもの）**

② 送金関係書類

その年に国外に居住する親族に対して生活費または教育費の支払いを行ったことを証明する書類（日本語での翻訳文も必要）です。

例えば、以下のものが該当します。

- **金融機関が発行した外国送金依頼書の控え**
- **国外の親族が利用するために発行された、納税者が契約したクレジットカード会社から発行される利用明細書**

3 税額控除証明資料

次に、税額控除を受けるために必要な資料を説明します。

(1) 配当控除

配当控除とは、納税者が剰余金の配当などを受けた場合に、一定の金額を所得税額から控除できる制度です（所法92①)。

なお配当控除は総合課税を選択した場合にのみ適用され、申告不要制度、申告分離課税を選択した場合には適用がありません。

① 配当控除の対象となる配当所得

配当控除の対象となる配当所得は以下の通りです。

- **剰余金の配当**
- **利益の配当**
- **剰余金の分配**
- **証券投資信託の収益の分配**

以下の配当所得は配当控除の対象となりません。

- **外国法人から受ける配当等**
- **国外私募公社債等運用投資信託等の収益の分配**
- **特定外貨建等証券投資信託の収益の分配**
- **特定目的会社から支払を受けるべき配当等**

② 配当控除の額

配当所得　×　控除率

③ 控除率

（ⅰ）課税総所得金額が 1,000 万円以下の場合

配当の種類	控除率
剰余金の配当等（特定株式投資信託収益の分配を含む）	10％
証券投資信託の収益の分配	5％
（一般外貨建証券投資信託の収益の分配）	（2.5％）

（ⅱ）課税総所得金額が 1,000 万円を超える場合の超える部分の金額

配当の種類	控除率
剰余金の配当等（特定株式投資信託収益の分配を含む）	5％
証券投資信託の収益の分配	2.5％
（一般外貨建証券投資信託の収益の分配）	（1.25％）

④ 必要な書類

配当所得を確認できる「特定口座年間取引報告書」、「上場株式配当等の支払通知書」、「配当等とみなす金額に関する支払調書」等を依頼します。

(2) 住宅借入金等特別控除

住宅借入金等特別控除とは、納税者が住宅を新築、購入、増改築等した場合に一定の要件に該当すると、住み始めた年から10年間（令和元年10月1日から令和2年12月31日までの間に住み始めた場合には13年間)、住宅ローンの年末残高の1％が所得税額から差し引かれる制度です（措法41)。

【一般の住宅ローン控除額】

居住年		住宅ローンの年末残高	控除期間	控除率	最大累積控除額
平成21年・22年		5千万円以下の部分	10年間	1.0％	500万円
平成23年		4千万円以下の部分	10年間	1.0％	400万円
平成24年		3千万円以下の部分	10年間	1.0％	300万円
平成25年1月～26年3月		2千万円以下の部分	10年間	1.0％	200万円
平成26年4月～令和3年12月	特定取得(注)	4千万円以下の部分	10年間	1.0％	400万円
	特定取得以外	2千万円以下の部分	10年間	1.0％	200万円

(注) 特定取得とは、住宅の取得対価に含まれる消費税額が8％または10％の税率である場合の住宅の取得をいいます。

なお、認定長期優良住宅または認定低炭素住宅の新築等をして、令和3年12月31日までに住み始めた場合で、一定の要件に該当するときは、住宅ローン控除と次の住宅ローン控除のいずれかを選択適用することができます。

【認定住宅ローン控除額】

居住年		住宅ローンの年末残高	控除期間	控除率	最大累積控除額
平成21年～23年		5千万円以下の部分	10年間	1.2％	600万円
平成24年		4千万円以下の部分	10年間	1.0％	400万円
平成25年1月～26年3月		3千万円以下の部分	10年間	1.0％	300万円
平成26年4月～令和3年12月	特定取得(注)	5千万円以下の部分	10年間	1.0％	500万円
	特定取得以外	3千万円以下の部分	10年間	1.0％	300万円

(注) 特定取得とは、住宅の取得対価に含まれる消費税額が8％または10％の税率である場合の住宅の取得をいいます。

住宅ローン控除については、1年目か2年目以降かによって必要となる資料が異なります。

①　１年目の場合

住宅ローン控除を初めて受ける年の場合には、住宅借入金等特別控除額の計算明細書と下記に掲げる添付資料が必要となります。

実務的には、計算明細書をクライアントに作ってもらうのは大変なので、添付資料をクライアントより入手して、税理士側で作成することが一般的です。

（ⅰ）建物・土地の登記事項証明書

法務局から住宅ローン控除の対象となる建物・土地に関する登記事項証明書を取り寄せてもらいます。建物・土地の面積等を確認します。

（ⅱ）建物・土地の不動産売買契約書（請負契約書）の写し

売主との間で締結した売買契約書や工事業者と締結した請負契約書にて、売買（請負）金額・消費税額・引渡日などを確認します。

（ⅲ）住宅取得資金に係る借入金の年末残高等証明書

住宅ローンを借入れした金融機関から送られてくるローン残高を証明する書類です。当初の借入金額と年末残高を確認します。

（ⅳ）耐震基準適合証明書または住宅性能評価書の写し（一定の耐震基準を満たす中古住宅の場合）

中古住宅（木造住宅の場合には築20年超、マンションなどの耐火建築物の場合には25年超の住宅）の場合には、一定の耐震基準を満たしたことを証明する書類として、必要となります。

契約した不動産会社から取り寄せてもらうようにします。

（ⅴ）認定通知書の写し（認定長期優良住宅・認定低炭素住宅の場合）

認定長期優良住宅、認定低炭素住宅の住宅ローン控除を受けるために依頼します。

契約した不動産会社から取り寄せてもらうようにします。

それでは、次のページから住宅借入金等特別控除額の計算明細書及び（ⅰ）～（ⅴ）の資料を見ていきましょう。

住宅借入金等特別控除額の計算明細書

■ **令和　01　年分(特定増改築等)住宅借入金等特別控除額の計算明細書**　FA4022 ■

一面　提出用

○この明細書の書き方については、控用の裏面を参照してください。○住宅借入金等に連帯債務がある場合には、併せて付表を使用します。

1 住所及び氏名

住所	郵便番号 123 － 4567 東京都千代田区霞が関3丁目1－2 電話番号 03 （1234） 5678
フリガナ	コクゼイ　イチロウ
氏名	国税　一郎

整理番号 01234567

(共有者の氏名) ※共有の場合のみ書いてください。

フリガナ		フリガナ	
氏名		氏名	

2 新築又は購入した家屋等に係る事項

		家屋に関する事項		土地等に関する事項
居住開始年月日	㋑	平成・令和 31 . 2 . 1		(平成・令和 . .)
補助金等控除前の取得対価の額	㋺	35000000	㋣	25000000 円
交付を受ける補助金等の額	㋩		㋠	円
取得対価の額 (㋺－㋩(㋣－㋠))	㋥	35000000	㋷	25000000 円
総（床）面積 ※小数点以下第2位まで書きます。	㋭	67.02	㋦	105.45 ㎡
うち居住用部分の（床）面積	㋬	67.02	㋸	105.45 ㎡

3 増改築等をした部分に係る事項

居住開始年月日	㋾	平成・令和 . .
補助金等控除前の増改築等の費用の額	㋻	円
交付を受ける補助金等の額	㋕	円
増改築等の費用の額 (㋻－㋕)	㋵	円
㋻のうち居住用部分の金額	㋟	円

※　㋵が100万円を超えるときに、増改築等に係る住宅借入金等特別控除の適用を受けることができます。

4 家屋の取得対価の額又は増改築等の費用の額に課されるべき消費税額等に関する事項

なし又は5%	8%（○）	10%	税率が10%の場合に㋺、㋻に含まれる消費税額及び地方消費税額の合計額（契約書等に記載された消費税額）	円

5 家屋や土地等の取得対価の額

		Ⓐ 家屋	Ⓑ 土地等	Ⓒ 合計	Ⓓ 増改築等
あなたの共有持分 ※共有の場合のみ書いてください。	①	/	/		/
(㋥, ㋷, ㋵) × ① ※共有でない場合は、㋥, ㋷, ㋵を書いてください。	②	㋥（㋥ × Ⓐ の ①） 35000000	㋷（㋷ × Ⓑ の ①） 25000000	(Ⓐの②＋Ⓑの②)又は(Ⓑの②＋Ⓓの②) 60000000	㋵（㋵ × Ⓓ の ①） 円
住宅取得等資金の贈与の特例を受けた金額	③				円
あなたの持分に係る取得対価の額等 (② － ③)	④	35000000	25000000	60000000	円

6 居住用部分の家屋又は土地等に係る住宅借入金等の年末残高

		Ⓔ 住宅のみ	Ⓕ 土地等のみ	Ⓖ 住宅及び土地等	Ⓗ 増改築等
新築、購入及び増改築等に係る住宅借入金等の年末残高	⑤			40000000	円
連帯債務に係るあなたの負担割合 ((付表)の⑭の割合) ※連帯債務がない場合には、100.00%と書きます。	⑥	.	.	100.00	. %
住宅借入金等の年末残高 ((付表)の⑯の金額) ※連帯債務がない場合には、⑤の金額を書きます。	⑦			40000000	円
④と⑦のいずれか少ない方の金額	⑧			40000000	円
居住用割合 ※90%以上である場合には、100.0%と書きます。	⑨	㋬÷㋭ 100.0	㋸÷㋦ 100.0	100.0	㋟÷㋻ . %
居住用部分に係る住宅借入金等の年末残高 (⑧ × ⑨)	⑩			40000000	円
住宅借入金等の年末残高の合計額 (Ⓔの⑩＋Ⓕの⑩＋Ⓖの⑩＋Ⓗの⑩) ※　⑪の金額を二面の「住宅借入金等の年末残高の合計額⑪」欄に転記します。				⑪	40000000 円

7 特定の増改築等に係る事項　(特定増改築等住宅借入金等特別控除の適用を受ける場合のみ書いてください。)

次の⑫欄から⑯欄に補助金等控除後の金額を書いてください。これらの金額が50万円を超えるときに特定増改築等住宅借入金等特別控除の適用を受けることができます。詳しくは、控用の裏面を参照してください。	⑫ 高齢者等居住改修工事等の費用の額	⑬ 断熱改修工事等の費用の額	⑭ 特定断熱改修工事等の費用の額	⑮ 特定多世帯同居改修工事等の費用の額
				円
⑯ 特定耐久性向上改修工事等の費用の額	⑰ 特定の増改築等工事の費用の合計額 (⑫＋⑭＋⑮＋⑯)	⑱ あなたの持分に係る特定の増改築等工事の費用の額 (⑰又は⑰ × Dの①)	特定増改築等住宅借入金等、特定断熱改修住宅借入金等又は特定多世帯同居改修住宅借入金等の年末残高 (⑪と⑱のいずれか少ない方の金額で最高250万円。ただし、住宅の増改築等(特定多世帯同居改修工事等に係るものを除きます。)が特定取得(※二面参照)に該当しない場合は、最高200万円。)	⑲ 円

8 (特定増改築等)住宅借入金等特別控除額

(特定増改築等)住宅借入金等特別控除額　※　二面の該当する番号及び金額を転記します。	番号		⑳	400000 円

※次に該当する場合に、書いてください。

同一年中に8%及び10%の消費税率が含まれる家屋の取得等又は増改築等をした場合は、右の欄に○をした上で、10%に係る部分の金額等を書いてください。	8%・10%同一年中取得	家屋:1 増改築等:2	㋥又は㋻の金額 (10%に係る部分のみ)	㉑	円
			④のⒶ又は④のⒹの金額 (10%に係る部分のみ)	㉒	円

重複適用（の特例）を受ける場合は、右の該当する文字に○をした上で、二面の㉓の金額を転記してください。	重複適用	重複適用の特例
	㉓	00 円

9 控除証明書の交付を要しない場合

翌年分以後に年末調整でこの控除を受けるための、控除証明書の交付を要しない方は、右の「要しない」の文字を○で囲んでください。	要しない

整理欄		名簿	税士	関係	税士	補	確	証	調査	付		申	A	B	C
						住民		台帳番号 一連番号							

○この明細書は、申告書と一緒に提出してください。

(国税庁確定申告書作成コーナーより筆者作成)

住宅借入金等特別控除額の計算明細書（続き）

令和01年分（特定増改築等）住宅借入金等特別控除額の計算

次の該当する算式のうち、いずれか一の算式により計算します。

氏名 国税　一郎

住宅借入金等の年末残高の合計額　※　一面の⑪の金額を転記します。	⑪	40000000 円

番号	居住の用に供した日等			算式等		（特定増改築等）住宅借入金等特別控除額（100円未満の端数切捨て）
1	住宅借入金等特別控除の適用を受ける場合（２から８のいずれかを選択する場合を除きます。）	平成26年1月1日から令和元年12月31日までの間に居住の用に供した場合	住宅の取得等が(特別)特定取得に該当するとき	⑪× 0.01＝	⑳	（最高40万円）400000 円
			住宅の取得等が(特別)特定取得に該当しないとき	⑪× 0.01＝	⑳	（最高20万円）00 円
		平成25年中に居住の用に供した場合		⑪× 0.01＝	⑳	（最高20万円）00 円
		平成24年中に居住の用に供した場合		⑪× 0.01＝	⑳	（最高30万円）00 円
		平成23年中に居住の用に供した場合		⑪× 0.01＝	⑳	（最高40万円）00 円
		平成22年１月１日から平成22年12月31日までの間に居住の用に供した場合		⑪× 0.01＝	⑳	（最高50万円）00 円
2	住宅借入金等特別控除の控除額の特例を選択した場合	平成20年中に居住の用に供した場合		⑪×0.004＝	⑳	（最高８万円）00 円
		平成19年中に居住の用に供した場合		⑪×0.004＝	⑳	（最高10万円）00 円
3	認定住宅の新築等に係る住宅借入金等特別控除の特例を選択した場合／認定住宅が認定長期優良住宅に該当するとき	平成26年1月1日から令和元年12月31日までの間に居住の用に供した場合	住宅の取得等が(特別)特定取得に該当するとき	⑪× 0.01＝	⑳	（最高50万円）00 円
			住宅の取得等が(特別)特定取得に該当しないとき	⑪× 0.01＝	⑳	（最高30万円）00 円
		平成25年中に居住の用に供した場合		⑪× 0.01＝	⑳	（最高30万円）00 円
		平成24年中に居住の用に供した場合		⑪× 0.01＝	⑳	（最高40万円）00 円
		平成22年１月１日から平成23年12月31日までの間に居住の用に供した場合		⑪×0.012＝	⑳	（最高60万円）00 円
4	認定住宅の新築等に係る住宅借入金等特別控除の特例を選択した場合／認定住宅が認定低炭素住宅に該当するとき	平成26年1月1日から令和元年12月31日までの間に居住の用に供した場合	住宅の取得等が(特別)特定取得に該当するとき	⑪× 0.01＝	⑳	（最高50万円）00 円
			住宅の取得等が(特別)特定取得に該当しないとき	⑪× 0.01＝	⑳	（最高30万円）00 円
		平成25年中に居住の用に供した場合		⑪× 0.01＝	⑳	（最高30万円）00 円
		平成24年12月４日から平成24年12月31日までの間に居住の用に供した場合		⑪× 0.01＝	⑳	（最高40万円）00 円
5	高齢者等居住改修工事等に係る特定増改築等住宅借入金等特別控除を選択した場合	平成27年１月１日から令和元年12月31日までの間に居住の用に供した場合	住宅の増改築等が特定取得に該当するとき ⑪の金額（最高1,000万円）……ⓐ（　） ⑲の金額（　）×0.02＋（ⓐ－⑲）×0.01＝		⑳	（最高12万５千円）00 円
			住宅の増改築等が特定取得に該当しないとき ⑪の金額（最高1,000万円）……ⓐ（　） ⑲の金額（　）×0.02＋（ⓐ－⑲）×0.01＝		⑳	（最高12万円）00 円
6	断熱改修工事等に係る特定増改築等住宅借入金等特別控除を選択した場合	平成27年１月１日から令和元年12月31日までの間に居住の用に供した場合	住宅の増改築等が特定取得に該当するとき ⑪の金額（最高1,000万円）……ⓐ（　） ⑲の金額（　）×0.02＋（ⓐ－⑲）×0.01＝		⑳	（最高12万５千円）00 円
			住宅の増改築等が特定取得に該当しないとき ⑪の金額（最高1,000万円）……ⓐ（　） ⑲の金額（　）×0.02＋（ⓐ－⑲）×0.01＝		⑳	（最高12万円）00 円
7	多世帯同居改修工事等に係る特定増改築等住宅借入金等特別控除を選択した場合	平成28年４月１日から令和元年12月31日までの間に居住の用に供した場合	⑪の金額（最高1,000万円）……ⓐ（　） ⑲の金額（　）×0.02＋（ⓐ－⑲）×0.01＝		⑳	（最高12万５千円）00 円
8	震災特例法の住宅の再取得等に係る住宅借入金等特別控除の控除額の特例を選択した場合	平成26年４月１日から令和元年12月31日までの間に居住の用に供した場合		⑪×0.012＝	⑳	（最高60万円）00 円
		平成25年１月１日から平成26年３月31日までの間に居住の用に供した場合		⑪×0.012＝	⑳	（最高36万円）00 円
		平成23年１月１日から平成24年12月31日までの間に居住の用に供した場合		⑪×0.012＝	⑳	（最高48万円）00 円

※１　⑳欄の金額を一面の⑳欄に転記します。
※２　⑳欄の括弧内の金額は、居住の用に供した日の属する年における住宅の取得等又は住宅の増改築等に係る控除限度額となります。
※３　（特別）特定取得とは、家屋の取得対価の額又は増改築等の費用の額に含まれる消費税額等が、８％又は10％の税率により課されるべき消費税額等におけるその住宅の取得等をいいます。

○　重複適用又は震災特例法の重複適用の特例を受ける場合には、次の㉓欄を記載します。

二以上の住宅の取得等又は住宅の増改築等に係る住宅借入金等の金額がある場合（これらの住宅の取得等又は住宅の増改築等が同一の年に属するもので、上記の表で同一の欄を使用して計算する場合を除きます。）には、その住宅の取得等又は住宅の増改築等ごとに（特定増改築等）住宅借入金等特別控除額の計算明細書又は（特定増改築等）住宅借入金等特別控除額の計算明細書（再び居住の用に供した方用）を作成します。

その作成した各明細書の⑳欄の金額の合計額を最も新しい住宅の取得等又は住宅の増改築等に係る明細書の㉓欄に記載します。

重複適用を受ける場合	各明細書の控除額（⑳の金額）の合計額（住宅の取得等又は住宅の増改築等に係る控除限度額のうち最も高い控除限度額が限度となります。）を記載します。	㉓	00 円
震災特例法の重複適用の特例を受ける場合	各明細書の控除額（⑳の金額）の合計額を記載します。	㉓	00 円

※　㉓欄の金額を一面の㉓欄に転記します。

二面

提出用

○ 二面は一面と一緒に提出してください。

（国税庁確定申告書作成コーナーより筆者作成）

なお、購入した建物がマンションの場合、土地の面積は下記の按分計算が必要となります。

1棟の土地面積×専有部分の床面積÷家屋の総床面積

次の建物の例では、「$16{,}447.18\mathrm{m}^2 \times 67.02\mathrm{m}^2 \div 10{,}452.46\mathrm{m}^2 = 105.45\mathrm{m}^2$」となります。

登記事項証明書の例

表　題　部　（専有部分の建物の表示）			不動産番号	
家屋番号			余白	
建物の名称	5 1 3		余白	
① 種 類	② 構 造	③ 床 面 積 ㎡	原因及びその日付〔登記の日付〕	
居宅	鉄筋コンクリート造1階建	5階部分　6 7 : 0 2	令和1年5月16日新築 〔令和1年6月11日〕	

表　題　部　（敷地権の表示）		
①土地の符号	②敷地権の種類	割
I	所有権	0分
所　有　者		

家屋の床面積（専有部分）

登記事項証明書に記載された自己の専有部分の床面積を入力します。

① 構 造	② 床 面 積 ㎡	原因及びその日付〔登記の日付〕
鉄筋コンクリート造壁屋根11階建	1階　1142 : 59 2階　1049 : 46 3階　1119 : 61 4階　1119 : 61 5階　1119 : 61 6階　1119 : 61 7階　1119 : 61 8階　720 : 75 9階　710 : 56 10階　650 : 60 11階　580 : 45	〔令和1年6月11日〕

登記事項証明書に記載された1棟の床面積を合計し、入力します。見本の場合、10452.46㎡となります。

家屋の総床面積

表　題　部　（敷地権の目的である土地の表示）				
①土地の符号	② 所 在 及 び 地 番	③	㎡	登 記 の 日 付
I		宅地	16447 : 18	令和1年6月11日

① 構造	② 床面積 ㎡			原因及びその日付〔登記の日付〕
鉄筋コンクリート造壁屋根１１階建	1階 2階 3階 4階 5階 6階 7階 8階 9階 10階 11階	1142 1049 1119 1119 1119 1119 1119 720 710 650 580	59 46 61 61 61 61 61 75 56 60 45	〔令和１年６月１１日〕

登記事項証明書に記載された１棟の土地の面積を入力します。

表　題　部　（敷地権の目的である土地の表示）

①土地の符号	② 所在及び地番	③地目	④ 地積 ㎡		登記の日付
Ｉ		宅地	16447	18	令和１年６月１１日

土地面積

表　題　部　（専有部分の建物の表示）

家屋番号				白
建物の名称	５１３			余白

① 種類	② 構造	③ 床面積 ㎡			原因及びその日付〔登記の日付〕
居宅	鉄筋コンクリート造１階建	５階部分	67	02	令和１年５月１６日新築 〔令和１年６月１１日〕

不動産番号

（確定申告書作成コーナーより筆者作成）

不動産売買契約書の例

印紙

マンション売買契約書

売主　地方税二郎　と買主　国税一郎　との間に
マンション売買に関し下記の条項に依る売買契約を締結したので、その証として、この契約書　通を作成し、
各々壱通宛を所持する

売買代金	売買総額(A)			60,000,000円也
	内訳	手付金(B)	本契約締結時	19,000,000　円也
		中間金(C)　第1回	平成　年　月	日までに　円也
		中間金(C)　第2回	平成　年　月	日までに　円也
		残金(D)	移転登記完了までに	41,000,000　円也
本物件引渡日(E)			平成　31　年	1　月　31　日
特約条項			消費税額から割返して建物の対価を計算する	(うち消費税 2,800,000　円也)

売買物件の表示	マンション名			家屋番号	
	土地	所在地			
	建物	共用部分	玄関ロビー、廊下、階段室、エレベーターホール、機械室、共用排水衛生設備、電気設備、エレベーター、管理諸設備、配線配管（専有部分に属するものを除く）その他の施設で専有部分以外の部分及びその附属設備		
	その他		塀、植込、外灯等の施設の共有持分		
	特記事項				

建物の対価：2,800,000円 ÷ 8% ＝ 35,000,000円
土地の対価：60,000,000円 － 35,000,000円 ＝ 25,000,000円

（法務局ホームページより筆者加筆）

不動産の取得対価については、建物と土地の対価が合算されている場合があります。その場合には、消費税額から逆算して建物の取得対価を求めます。

住宅取得資金に係る借入金の年末残高等証明書

住宅取得資金に係る借入金の年末残高等証明書

住宅取得資金の借入れ等をしている者	住所	東京都千代田区霞が関３丁目１－２
	氏名	国税一郎
住宅借入金等の内訳		1 住宅のみ　2 土地等のみ　③ 住宅及び土地等
住宅借入金等の金額	年末残高	40,000,000 円
	当初金額	平成31年 2月 1日　41,000,000 円
償還期間又は賦払期間		平成31年 2月から 令和31年 2月まで の 30年 0月間
居住用家屋の取得の対価等の額又は増改築等に要した費用の額		60,000,000 円
（摘要）		

計算明細書の住宅借入金等の年末残高に記載

（国税庁ホームページより筆者加筆）

耐震基準適合証明書

耐 震 基 準 適 合 証 明 書

証明申請者	住 所	
	氏 名	
家屋番号及び所在地		
家 屋 調 査 日	年 月 日	
適合する耐震基準	1 建築基準法施行令第3章及び第5章の4の規定 2 地震に対する安全性に係る基準	

上記の家屋が租税特別措置法施行令

(イ) 第23条第5項
(ロ) 第24条の2第3項第1号
(ハ) 第26条第2項
(ニ) 第40条の4の2第2項
(ホ) 第40条の5第2項

に定める地震に対する安全性に係る基準に適合することを証明します。

証 明 年 月 日	年 月 日

1．証明者が建築士事務所に属する建築士の場合

証明を行った建築士	氏 名	印		
	一級建築士、二級建築士又は木造建築士の別		登 録 番 号	
			登録を受けた都道府県名（二級建築士又は木造建築士の場合）	
証明を行った建築士の属する建築士事務所	名 称			
	所 在 地			
	一級建築士事務所、二級建築士事務所又は木造建築士事務所の別			
	登録年月日及び登録番号			

2．証明者が指定確認検査機関の場合

証明を行った指定確認検査機関	名 称		印		
	住 所				
	指定年月日及び指定番号				
	指定をした者				
調査を行った建築士又は建築基準適合判定資格者	氏 名				
	建築士の場合	一級建築士、二級建築士又は木造建築士の別		登 録 番 号	
				登録を受けた都道府県名（二級建築士又は木造建築士の場合）	
	建築基準適合判定資格者の場合			登 録 番 号	
				登録を受けた地方整備局等名	

（国土交通省ホームページより）

住宅性能評価書

設計住宅性能評価書のイメージ
（一戸建ての住宅の場合）

設計
性能評価

住宅の品質確保の促進等に関する法律
第5条第1項に基づく

設計住宅性能評価書

（一戸建ての住宅）

（申請者の住所）
（申請者の氏名又は名称）　　様

下記の住宅に関して、評価方法基準（平成13年8月14日国土交通省告示第1347号（最終改正　平成27年5月29日国土交通省告示第683号））に基づき評価を行った結果について、次の通り相違ないことを証します。
なお、上記は評価方法基準に基づいて評価を行った結果であり、時間経過による変化がないことを保証するものではありません。

記

1．建築主　（氏名又は名称）　（連絡先）

2．設計者　（氏名又は名称）　（連絡先）

3．住宅の名称

4．住宅の所在地

以上

評価書交付年月日	年　　月　　日
評価書交付番号	－　　－　　－
登録住宅性能評価機関名	印
機関登録番号	
評価員氏名	

（国土交通省ホームページより）

認定長期優良住宅建築証明書の例

認定長期優良住宅建築証明書

<table>
<tr><td rowspan="2">証明申請者</td><td>住　所</td><td></td></tr>
<tr><td>氏　名</td><td></td></tr>
<tr><td colspan="2">家屋番号及び所在地</td><td></td></tr>
<tr><td colspan="2">建築工事終了日</td><td>年　　月　　日</td></tr>
<tr><td colspan="2">家屋調査日</td><td>年　　月　　日</td></tr>
<tr><td colspan="2">長期優良住宅建築等計画の認定主体</td><td></td></tr>
<tr><td colspan="2">長期優良住宅建築等計画の認定番号</td><td>第　　　　　号</td></tr>
<tr><td colspan="2">長期優良住宅建築等計画の認定年月日</td><td>年　　月　　日</td></tr>
</table>

工事が完了した建築物に係る上記の家屋について上記の認定長期優良住宅建築等計画に基づき建築された家屋であることを証明します。

年　　月　　日

<table>
<tr><td rowspan="6">証明を行った建築士、指定確認検査機関又は登録住宅性能評価機関</td><td>氏名又は名称</td><td colspan="3">印</td></tr>
<tr><td rowspan="2">一級建築士、二級建築士又は木造建築士の別</td><td rowspan="2"></td><td>登録番号</td><td></td></tr>
<tr><td>登録を受けた都道府県名（二級建築士又は木造建築士の場合）</td><td></td></tr>
<tr><td rowspan="3">指定確認検査機関又は登録住宅性能評価機関の場合</td><td colspan="2">住　所</td><td></td></tr>
<tr><td colspan="2">指定・登録年月日及び指定・登録番号</td><td></td></tr>
<tr><td colspan="2">指定をした者(指定確認検査機関の場合)</td><td></td></tr>
<tr><td rowspan="4">建築士が証明を行った場合の当該建築士の属する建築士事務所</td><td>名　称</td><td colspan="3"></td></tr>
<tr><td>所在地</td><td colspan="3"></td></tr>
<tr><td colspan="3">一級建築士事務所、二級建築士事務所又は木造建築士事務所の別</td><td></td></tr>
<tr><td colspan="3">登録年月日及び登録番号</td><td></td></tr>
</table>

（国土交通省ホームページより）

認定低炭素住宅建築証明書

認定低炭素住宅建築証明書

<table>
<tr><td rowspan="2">証明申請者</td><td>住　所</td><td></td></tr>
<tr><td>氏　名</td><td></td></tr>
<tr><td colspan="2">家屋番号及び所在地</td><td></td></tr>
<tr><td colspan="2">建築工事終了日</td><td>年　月　日</td></tr>
<tr><td colspan="2">家屋調査日</td><td>年　月　日</td></tr>
<tr><td colspan="2">低炭素建築物新築等計画の認定主体</td><td></td></tr>
<tr><td colspan="2">低炭素建築物新築等計画の認定番号</td><td>第　　　号</td></tr>
<tr><td colspan="2">低炭素建築物新築等計画の認定年月日</td><td>年　月　日</td></tr>
</table>

工事が完了した建築物に係る上記の家屋について上記の認定低炭素建築物新築等計画に基づき建築された家屋であることを証明します。

年　月　日

<table>
<tr><td rowspan="6">証明を行った建築士、指定確認検査機関又は登録住宅性能評価機関</td><td>氏名又は名称</td><td colspan="3">㊞</td></tr>
<tr><td rowspan="2">一級建築士、二級建築士又は木造建築士の別</td><td rowspan="2"></td><td>登録番号</td><td></td></tr>
<tr><td>登録を受けた都道府県名（二級建築士又は木造建築士の場合）</td><td></td></tr>
<tr><td rowspan="3">指定確認検査機関又は登録住宅性能評価機関の場合</td><td>住　所</td><td colspan="2"></td></tr>
<tr><td>指定・登録年月日及び指定・登録番号</td><td colspan="2"></td></tr>
<tr><td>指定をした者（指定確認検査機関の場合）</td><td colspan="2"></td></tr>
<tr><td rowspan="4">建築士が証明を行った場合の当該建築士の属する建築士事務所</td><td>名　称</td><td colspan="3"></td></tr>
<tr><td>所在地</td><td colspan="3"></td></tr>
<tr><td colspan="2">一級建築士事務所、二級建築士事務所又は木造建築士事務所の別</td><td colspan="2"></td></tr>
<tr><td colspan="2">登録年月日及び登録番号</td><td colspan="2"></td></tr>
</table>

（国土交通省ホームページより）

なお、１年目は適用要件を満たしているか以下のチェック表で個別にヒアリングしたうえで、資料依頼を行うとスムーズです（新築・取得の場合のチェック表です）。

【住宅借入金特別控除チェック表】

令和元年分　住宅借入金等特別控除チェック表

＜家屋を新築又は取得された方用＞

（平成 31 年 1 月 1 日から令和元年 12 月 31 日までの間に入居された方）

《このチェック表は確定申告書、住宅借入金等特別控除額の計算明細書及び添付書類と一緒に**提出**してください。》

制度の詳細等をお調べになりたい方は、国税庁ホームページ（タックスアンサー）をご覧ください。

★適用する住宅借入金等特別控除の判定

令和元年分の住宅借入金等特別控除を受けるためには、<u>○をつけた右欄の確認項目の全ての要件を満たすこと</u>が必要です。

	次に該当する<u>いずれか１つ</u>に○をつけてください。	確　認　項　目
○	認定住宅（認定長期優良住宅又は認定低炭素住宅）を新築又は取得（建築後使用されたことのないもの）した。	１共通　３認定住宅　５添付書類
○	住宅（認定住宅を除く）を新築又は取得（建築後使用されたことのないもの）した。	１共通　５添付書類
○	中古住宅を取得した。	１共通　２中古住宅　５添付書類

	次に<u>該当する場合は</u>○をつけてください。	確　認　項　目
○	家屋の新築又は取得とともに敷地も取得した。	４敷地も取得された場合　５添付書類
○	特定取得に該当する（注）。	５添付書類
	（注）**「特定取得」**とは、課されるべき消費税額等が<u>**８％又は 10％**</u>の税率である場合におけるその住宅の取得等をいい、課されるべき消費税額等が<u>**５％**</u>の税率である場合や個人間の売買契約により<u>**消費税額等がない場合**</u>は「特定取得」に該当しません。	

１　共通

<table>
<tr><th>共通要件（Ⅰ）</th><th>チェック欄</th></tr>
<tr><td>家屋の所有者（登記の名義人）は、申告する者と同一である。</td><td>□</td></tr>
<tr><td>家屋の新築又は取得の後、６か月以内に入居し、令和元年 12 月 31 日まで引き続き住んでいる。
（注）居住用の家屋を２以上有する場合には、主として居住の用に供する家屋に限ります。</td><td>□</td></tr>
<tr><td>平成 29 年分、平成 30 年分及び令和元年分のいずれかの年分において、「居住用財産の譲渡所得の課税の特例」など※の特例を受けておらず、かつ、令和２年分及び令和３年分のいずれかの年分においても「居住用財産の譲渡所得の課税の特例」などの特例を受ける予定がない。
（注）令和元年分で住宅借入金等特別控除を受け、令和２年分又は令和３年分に「居住用財産の譲渡所得の課税の特例」などの特例を受ける場合は、令和元年分以降の住宅借入金等特別控除が受けられなくなることから確定申告書の内容を是正する修正申告書の提出が必要となります。
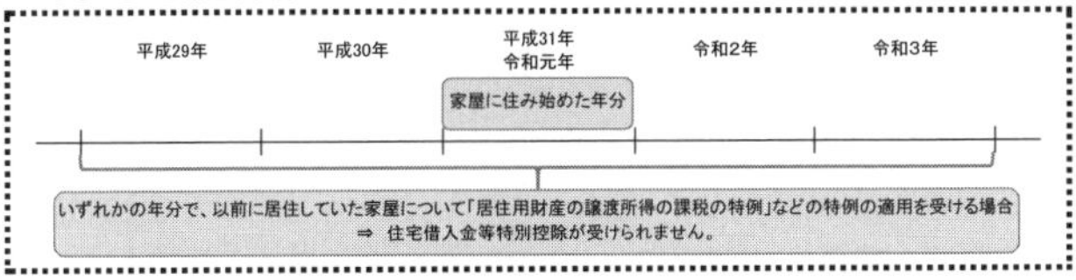

※　「居住用財産の譲渡所得の課税の特例」などとは、①居住用財産を譲渡した場合の長期譲渡所得の課税の特例、②居住用財産の譲渡所得の特別控除（被相続人に係る居住用財産の譲渡所得の特別控除を除く。）、③特定の居住用財産の買換え・交換等の場合の長期譲渡所得の課税の特例、④既成市街地等内にあたる土地等の中高層耐火建築物等の建設のための買換え・交換等の場合の譲渡所得の課税の特例をいいます。</td><td>□</td></tr>
<tr><td>令和元年分の合計所得金額が 3,000 万円以下である。</td><td>□</td></tr>
</table>

1　共通（続き）

共通要件（Ⅱ）	チェック欄
金融機関等から令和元年12月31日現在の残高（予定額）が記載された「住宅取得資金に係る借入金の年末残高等証明書」の交付を受けている。	□
適用対象となる家屋の床面積（登記面積）が、50㎡以上である。 （注）家屋が店舗併用住宅や共有である場合についても、その家屋全体の床面積で判定します。	□
適用対象となる家屋の床面積（登記面積）の2分の1以上を自己の居住用としている。 （注）登記事項証明書や設計図などで確認してください。	□
家屋の新築又は取得に係る借入金等は、10年以上にわたり分割して返済することとされている新築又は取得のための一定の借入金又は債務である。 （注1）次に該当する借入金等は、適用対象となる借入金等には該当しません。 ① 勤務先からの借入金等で、無利息又は利率が年0.2%未満であるもの ② 勤務先からの利子補給がある場合で、その借入金等の実質金利が年0.2%未満であるもの ③ 自分が役員を務める会社、親族、知人からの借入金等 ④ 勤務先から時価の2分の1未満の価額で譲り受けた家屋等に係る借入金等 ※「勤務先」には事業主団体を含みます。 （注2）家屋の新築の日前にその家屋の敷地を取得している場合で、家屋の新築に係る借入金等の残高がなく、その家屋の敷地の取得に係る借入金等の残高のみがある場合は、対象となりません。	□

2　中古住宅

適用対象となる中古住宅の要件	チェック欄
適用対象となる家屋は、建築後使用されたことのある家屋である。	□
次のいずれかに該当する家屋である。 ①　取得の日以前20年以内（耐火建築物の場合は25年以内）に建築されたもの （注）「耐火建築物」とは、建物登記簿に記載された建物の構造のうち、建物の主たる部分の構成材料が、石造、れんが造、コンクリートブロック造、鉄骨造（軽量鉄骨造は含みません。）、鉄筋コンクリート造又は鉄骨鉄筋コンクリート造のものをいいます。 ②　地震に対する安全上必要な構造方法に関する技術的基準又はこれに準ずるものに適合するもの （注）その家屋の取得の日前2年以内に耐震基準適合証明書による証明のための家屋の調査が終了したもの、その家屋の取得の日前2年以内に住宅性能評価書により耐震等級（構造躯体の倒壊等防止）に係る評価が等級1、等級2又は等級3であると評価されたもの又はその家屋の取得の日前2年以内に既存住宅売買瑕疵担保責任保険契約が締結されていることを証する書類により証明されたものに限ります。 ③　①及び②の要件に当てはまらない家屋で、その家屋の取得の日までに耐震改修を行うことについて申請をし、かつ、居住の日までにその耐震改修により家屋が耐震基準に適合することにつき証明がされたもの	□
その家屋の取得時において自己と生計を一にし、その取得後においても引き続き自己と生計を一にしている親族等から取得したものでない。	□

3　認定住宅

住宅の種類	適用対象となる認定住宅の要件	チェック欄
認定長期優良住宅	新築又は取得した家屋は、「長期優良住宅の普及の促進に関する法律」に規定する認定長期優良住宅に該当するものとして一定の証明がされた建物である。	□
認定低炭素住宅	新築又は取得した家屋は、「都市の低炭素化の促進に関する法律」に規定する低炭素建築物又は低炭素建築物とみなされる特定建築物に該当するものとして一定の証明がされた建物である。	□

4　敷地も取得された場合

家屋の新築又は取得とともにその家屋の敷地の取得をされた場合の要件	チェック欄
家屋とその家屋の敷地の所有者（登記の名義人）は、申告する者と同一である。	□
次の**１～５**のいずれかの項目に該当する。 **※　該当する番号を、○で囲んでください。** **１**　家屋とその家屋の敷地を一括して取得した。 **２**　家屋の新築の日前２年以内にその家屋の敷地を取得した場合で、 イ　金融機関、地方公共団体等からの借入金等については、次の①に該当する。 ロ　公務員共済組合等又は給与所得者の使用者からの借入金等については、次の①又は②のいずれかに該当する。 ①　その敷地に係る借入金（債務）又は債務保証を担保するために、その新築家屋を目的とする抵当権が設定されている。 ②　その敷地の上に、家屋を一定期間内に建築することが条件とされており、その家屋の新築及び敷地の取得が、貸付けの条件に従って行われたことにつき貸付者等により確認されている。 **３**　家屋の新築の日前に、３か月以内の建築条件付でその家屋の敷地を取得した。 家屋の建築請負契約が、その敷地の分譲に係る契約の日以後３か月以内に成立することが、分譲契約成立の条件となっているものであり、かつ、その条件が成就しなかったときは、当該宅地の分譲に係る契約は成立しないこととなるもの。 **４**　家屋の新築の日前に、一定期間内の建築条件付でその家屋の敷地を取得した。 その敷地の取得者が、その敷地取得の日後、一定期間内にその敷地の上に家屋を建築することを条件として取得したものであり、かつ、取得者が、契約条件に違反した場合には、売却者が契約の解除等をすることができるもの。 **５**　家屋の新築工事の着工の日後に、独立行政法人住宅金融支援機構等から受領した借入金で、その家屋の敷地を取得した。	□
その家屋の敷地の取得時において自己と生計を一にし、その取得後においても引き続き自己と生計を一にしている親族等から取得したものではない。	□

請負契約書等には、収入印紙が貼付されている。	□

Ⅰ、Ⅱ、Ⅲ面の１～４のうち、該当する項目の「チェック欄」の全てにチェックができた方

↓

Ⅳ面の「５　添付書類」をご用意ください。

Ⅰ、Ⅱ、Ⅲ面の１～４のうち、該当する項目の「チェック欄」にチェックができない項目があった方

↓

住宅借入金等特別控除が受けられない場合がありますので、最寄りの税務署にお問い合わせください。

5　添付書類

（1）　家屋に関するもの　　**※ □は必要な書類、(□) は該当する場合に必要な書類、《□》はいずれかが必要な書類です。**

書類の名称	新築	中古	認定長期	認定低炭素
家屋の登記事項証明書（原本）（法務局で交付を受けられます。）	□	□	□	□
請負契約書（写）又は**家屋の売買契約書（写）**などで、家屋の新築（購入）の年月日及び家屋の請負代金又は購入の対価の額を明らかにする書類（「**特定取得**」に該当する場合は、消費税率や契約年月日等の分かる箇所が必要です。）	□	□	□	□
国又は地方公共団体から受ける補助金等の名称や金額を明らかにする書類 （申告するときまでに交付されていない補助金等を含みます。）	(□)	(□)	(□)	(□)
住宅取得等資金の贈与の特例の適用を受けた額を明らかにする書類（贈与税の申告書の写しなど） ※　住宅の取得対価の額から贈与の特例を受けた金額を差し引く必要があります。 ※　平成30年以前に贈与を受けた方も対象です。	(□)	(□)	(□)	(□)
住宅取得資金に係る借入金の年末残高等証明書（複数の交付を受けている場合は、その全ての証明書）	□	□	□	□
【住民票に異動のない場合】入居年月日を明らかにする書類	(□)	(□)	(□)	(□)
【2　中古住宅の②に該当する家屋である場合】次のいずれかの書類 ・**耐震基準適合証明書**（その家屋の取得の日前2年以内にその証明のための家屋の調査が終了したもの） ・**建設住宅性能評価書（写）**（その家屋の取得の日前2年以内に評価されたもので、耐震等級（構造躯体の倒壊等防止）に係る評価が等級1、等級2又は等級3であるもの） ・**既存住宅売買瑕疵担保責任保険契約が締結されていることを証する書類**（住宅瑕疵担保責任保険法人が引受けを行う一定の保険契約であって、その家屋の取得前2年以内に締結したもの）		《□》 《□》 《□》		
【2　中古住宅の③に該当する家屋である場合】**耐震改修に係る請負契約書（写）**のほか次のイからニまでのいずれかの書類 イ　**建築物の耐震改修の促進に関する法律施行規則別記第5号様式に規定する認定申請書（写）及び耐震基準適合証明書** ロ　**耐震基準適合証明申請書（写）**（家屋の引渡しまでに申請が困難な場合には仮申請書の写し）**及び耐震基準適合証明書** ハ　**建設住宅性能評価申請書（写）**（家屋の引渡しまでに申請が困難な場合には仮申請書の写し）**及び建設住宅性能評価書（写）**（耐震等級（構造躯体の倒壊等防止）に係る評価が等級1、等級2又は等級3であるもの） ニ　**既存住宅売買瑕疵担保責任保険契約の申込書（写）**（当該契約の申込日が記載されているものに限ります。）**及び既存住宅売買瑕疵担保責任保険契約が締結されていることを証する書類**（住宅瑕疵担保責任保険法人が引受けを行う一定の保険契約に限ります。）		(□) 《□》 《□》 《□》 《□》		
【中古住宅を独立行政法人都市再生機構等から取得し、その取得に係る債務の承継に関する契約である場合】**債務の承継に関する契約書（写）**		(□)		
【新築又は取得した家屋が認定長期優良住宅である場合】次のイ及びロの書類 イ　**長期優良住宅建築等計画の認定通知書（写）**（長期優良住宅建築等計画の変更の認定を受けた場合は、**変更認定通知書（写）**） ロ　**住宅用家屋証明書**（写しも可）（家屋の所在地の市区町村で交付を受けられます。）又は**認定長期優良住宅建築証明書**			□ □	
【新築又は取得した家屋が低炭素建築物である場合】次のイ及びロの書類 イ　**低炭素建築物新築等計画認定通知書（写）**（低炭素建築物新築等計画の変更の認定を受けた場合は、**低炭素建築物新築等計画変更認定通知書（写）**） ロ　**住宅用家屋証明書**（写しも可）（家屋の所在地の市区町村で交付を受けられます。）又は**認定低炭素住宅建築証明書**				□ □
【新築又は取得した家屋が低炭素建築物とみなされる特定建築物である場合】 **特定建築物用の住宅用家屋証明書**（家屋の所在地の市区町村で交付を受けられます。）				□

※　給与所得のある方について、平成31年4月1日以後、**給与所得の源泉徴収票**は、確定申告書への添付又は確定申告書を提出する際の提示が不要となりました。ただし、確定申告書を作成する際には引き続き給与所得の源泉徴収票が必要となりますので、税務署等で確定申告書を作成する場合には忘れずにお持ちください。

（2）敷地に関するもの（敷地の取得に係る借入金等がある場合のみ）

書類の名称	家屋と敷地の一括購入	新築の日前2年以内に購入	3か月以内の建築条件付	一定期間内の建築条件付
敷地の登記事項証明書（原本）（マンションなどで家屋の登記事項証明書に敷地権の表示がある場合は不要です。）	□	□	□	□
敷地の売買契約書（写）などで敷地の取得の対価の額を明らかにする書類	□	□	□	□
一定期間内に家屋が建築されたことをその貸付けをした者等が確認した旨を証する書類		(□)		
3か月以内の建築条件が定められていることを明らかにする書類			(□)	
一定期間内の建築条件が定められていることを明らかにする書類				(□)

添付書類の提出（税務署等へお越しになって相談する場合を含みます。）に当たっては、「5　添付書類」の掲載順に整理していただくようお願いします。

（国税庁ホームページより）

②　2年目以降の場合

2年目以降の住宅ローン控除の依頼資料は、以下の通りです。

> **〈住宅借入金等特別控除額の計算明細書〉**
>
> 会社員の場合には必要ないのですが、個人事業主またはフリーランスの場合には、2年目以降も計算明細書の添付が必要となります。
>
> もし2年目以降に初めて確定申告を請け負うのであれば、1年目に提出した確定申告書の控え等を確認して計算明細書を作成しましょう。
>
> **〈住宅取得資金に係る借入金の年末残高等証明書〉**
>
> 住宅ローンを借り入れた金融機関から送られてくるローン残高を証明する書類です。1年目と同様、2年目以降も依頼します。

(3) 政党寄附金特別控除

政党寄附金特別控除とは、政党または政治資金団体に対する寄附について、寄附金控除にかえて次の金額をその年分の所得税額から控除することができる制度です(ただしその年分の所得税額の25％相当額を限度とします)(措法41の18)。

> (その年中に支出した政党等に対する寄附金の合計額－2,000円)×30％

政党等寄附金特別控除の適用を受けるには、政党等寄附金特別控除額の計算明細書及び政党または政治資金団体から交付された「寄附金(税額)控除のための書類」(総務大臣または道府県の選挙管理委員会の確認印のあるもの)が必要となります。寄附金(税額)控除のための書類は次のフォーマットとなります。

寄附金（税額）控除のための書類

（確認印）

寄附金（税額）控除のための書類

寄附をした者	氏　名	
	住　所	
寄附金の額		円
寄附年月日		年　月　日

この寄附金は政治資金規正法第１２条若しくは第１７条又は公職選挙法第１８９条の規定による報告書により報告されたものです。

寄附を受けた団体	名　称		
	所在地		
団体の区分（いずれか該当するものの番号を○で表示）		政党の支部	左記以外の特定の政治団体
		1	2
寄附を受けた団体が租税特別措置法第４１条の１８第１項第３号に掲げる団体に該当する場合		その団体の主宰者又は主要な構成員である国会議員の氏名	
寄附を受けた団体が租税特別措置法第４１条の１８第１項第４号に掲げる団体に該当する場合（同号イ該当の場合は（２）の記載は必要ありません。）		（１）その団体が推薦し又は支持する者の氏名	
		（２）上記（１）の者が立候補した選挙名及び立候補年月日 選挙　年　月　日	

寄附を受けた公職の候補者	公職の候補者の氏名及び住所	氏名 住所
	立候補した選挙名及び立候補年月日	選挙名 選挙　年　月　日

寄附年月日	寄附金の額	寄附年月日	寄附金の額	寄附年月日	寄附金の額
・　・		・　・		・　・	
・　・		・　・		・　・	
・　・		・　・		・　・	
・　・		・　・		・　・	
・　・		・　・		・　・	
				合　計	

（大阪府ホームページより）

(4) 認定NPO法人等寄附金特別控除

認定NPO法人等寄附金特別控除とは、認定特定非営利活動法人（認定NPO法人）に対して支払った寄附金について、寄附金控除との選択により次の金額をその年分の所得税額から差し引くことができる制度です（措法41の18の2）。ただし、次に説明する公益社団法人等寄附金特別控除額と合わせて、その年分の所得税額の25％相当額が限度となります。

（その年中に支出したNPO法人に対する寄附金等の合計額－2,000円）×40％

認定NPO法人等寄附金特別控除を受けるためには、121ページで紹介した寄附金受領証明書が必要となります。

(5) 公益社団法人等寄附金特別控除

寄附金のうち、次の機関に対するものについて、一定の要件を満たすものは寄附金控除との選択により下記により計算した金額をその年分の所得税額から差し引くことができます（措法41の18の3）。

- 公益社団法人及び公益財団法人
- 学校法人
- 社会福祉法人
- 更生保護法人
- 国立大学法人、公立大学法人、独立行政法人国立高等専門学校機構及び独立行政法人日本学生支援機構

（その年中に支出した公益社団等に対する寄附金等の合計額－2,000円）×40％

公益社団法人等寄附金特別控除を受けるためには、以下の資料が必要となります。

- 寄附金受領証明書
- 所轄庁のその法人が税額控除対象法人であることを証する書類の写し

(6) 外国税額控除

外国税額控除とは、納税者がその年に外国所得税の納付をした場合に、次の算式で計算した金額を限度として、その年分の所得税額から外国所得税の額を差し引くことができる制度です（所法95）。所得税のうち、所得に占める国外所得金額の割合分が限度となります。

[外国税額控除の限度額]

その年分の所得税の額×その年分の国外所得金額÷その年分の所得総額

なお、外国所得税の額と控除限度額との差額は翌年以降3年間繰り越すことができます。

外国税額控除を受けるためには、以下の書類が必要となります。

- 外国税額控除に関する明細書
- 外国所得税を課されたことを証する書類
- 外国の法令により課される税の名称・金額、納付日等を記載した書類と、それを証明する申告書の写し及び納税を証明する書類
- 上記の税を課されたことを証するその税に係る申告書の写しまたはこれに代わるべきその税に係る書類及びその税がすでに納付されている場合にはその納付を証する書類（納税証明書や更正決定に係る通知書、賦課決定通知書、納税告知書、源泉徴収票などを含みます）

外国税額控除に関する明細書は、外国税額控除の額を計算するための明細書です。納税者に作ってもらうのは大変ですので、上記の資料をもらって税理士側で作ることが一般的です。

なお、海外の証券口座から直接得た配当等の所得については、海外の取引明細を基に、Excel等で換算、集計して明細書に転記をすると、後から見たときにわかりやすいです。来年に繰り越す外国税額控除余裕額・超過額もクライアントに伝えることを忘れないようにしましょう。

外国税額控除に関する明細書

外国税額控除に関する明細書（居住者用）
（平成30年分以降用）

（平成・㊞令和　01 年分）　　　　氏　名　国税一郎

1　外国所得税額の内訳

○　本年中に納付する外国所得税額

国　名	所得の種類	税種目	納付確定日	納付日	源泉・申告（賦課）の区分	所得の計算期間	相手国での課税標準	左に係る外国所得税額
アメリカ合衆国	配当	源泉所得税	H31・4・10	H31・4・10	源　泉	・・ ・・	（外貨 1,283.00）USドル 154,000 円	（外貨 128）USドル 15,400 円
			・・	・・		・・ ・・	（外貨　） 円	（外貨　） 円
			・・	・・		・・ ・・	（外貨　） 円	（外貨　） 円
計							154,000 円	Ⓐ 15,400 円

○　本年中に減額された外国所得税額

国　名	所得の種類	税種目	納付日	源泉・申告（賦課）の区分	所得の計算期間	外国税額控除の計算の基礎となった年分	減額されることとなった日	減額された外国所得税額
			・・		・・ ・・	年分	・・	（外貨　） 円
			・・		・・ ・・	年分	・・	（外貨　） 円
			・・		・・ ・・	年分	・・	（外貨　） 円
計								Ⓑ 円

Ⓐの金額がⒷの金額より多い場合（同じ金額の場合を含む。）

Ⓐ 15,400 円 － Ⓑ 円 ＝ Ⓒ 15,400 円 → 6の「⑪」欄に転記します。

Ⓐの金額がⒷの金額より少ない場合

Ⓑ 円 － Ⓐ 円 ＝ Ⓓ 円 → 2の「Ⓓ」欄に転記します。

提出用

○この明細書は、申告書と一緒に提出してください。

数値を転記

Excel等で集計した海外の証券口座の明細

Payment Date	Type	Brand	Number	Dividend Amount	Withholding Tax	為替レート	配当額（円）	外国所得税（円）
10-Apr-19	Stock	○○International Co.,Ltd.	100	1,283	128.3	120.03	154,000	15,400
⋮	⋮	⋮	⋮	⋮	⋮	⋮	⋮	⋮

3　所得税の控除限度額の計算

所得税額	①	461,000 円	← 2のⒻの金額がある場合には、その金額を雑所得の総収入金額に算入して申告書により計算した税額を書きます（詳しくは、**控用の裏面**を読んでください。）。
所得総額	②	8,196,000	← 2のⒻの金額がある場合には、その金額を雑所得の総収入金額に算入して計算した所得金額の合計額を書きます（詳しくは、**控用の裏面**を読んでください。）。
調整国外所得金額	③	154,000	← 2のⒻの金額がある場合には、その金額を含めて計算した調整国外所得金額の合計額を書きます。
控除限度額（①× $\frac{③}{②}$）	④	8,662	→ 5の「㋥」欄及び6の「⑨」欄に転記します。

4　復興特別所得税の控除限度額の計算

復興特別所得税額	⑤	9,681 円	← 3の「①」欄の金額に2.1%の税率を乗じて計算した金額を書きます。
所得総額	⑥	8,196,000	← 3の「②」欄の金額を転記します。
調整国外所得金額	⑦	154,000	← 3の「③」欄の金額を転記します。
控除限度額（⑤× $\frac{⑦}{⑥}$）	⑧	181	→ 5の「㋭」欄及び6の「⑩」欄に転記します。

5　外国所得税額の繰越控除余裕額又は繰越控除限度超過額の計算の明細

本年分の控除余裕額又は控除限度超過額の計算

控除限度額	所得税（3の④の金額）	㋥	8,662 円	控除余裕額	所得税（㋥−㋷）	㋦	円
	復興特別所得税（4の⑧の金額）	㋭	181		道府県民税（（㋥+㋭+㋬−㋷）と㋬のいずれか少ない方の金額）	㋸	
	道府県民税（㋥×12%又は6%）	㋬	519		市町村民税（（㋠−㋷）と㋣のいずれか少ない方の金額）	㋾	
	市町村民税（㋥×18%又は24%）	㋣	2,078		計（㋦+㋸+㋾）	㋻	
	計（㋥+㋭+㋬+㋣）	㋠	11,440				
外国所得税額（1のⒸの金額）		㋷	15,400	控除限度超過額（㋷−㋠）		㋕	3,960

前3年以内の控除余裕額又は控除限度超過額の明細等

来年に繰り越す限度超過額

年分	区分	控除余裕額 ㋵前年繰越額及び本年発生額	控除余裕額 ㋟本年使用額	控除余裕額 ㋹翌年繰越額（㋵−㋟）	控除限度超過額 ㋞前年繰越額及び本年発生額	控除限度超過額 ㋡本年使用額	控除限度超過額 ㋧翌年繰越額（㋞−㋡）	所得税の控除限度額等
年分（3年前）	所得税	円	円					円
	道府県民税							年1月1日時点の住所
	市町村民税							□指定都市
	地方税計							□一般市
年分（2年前）	所得税			円	Ⓗ		円	円
	道府県民税							（翌年1月1日時点の住所）
	市町村民税							□指定都市
	地方税計							□一般市
年分（前年）	所得税				Ⓘ			円
	道府県民税							（翌年1月1日時点の住所）
	市町村民税							□指定都市
	地方税計							□一般市
合計	所得税		Ⓙ			Ⓜ		
	道府県民税							
	市町村民税							
	計		Ⓚ					
本年分	所得税	㋦	Ⓛ		㋕	Ⓚ		
	道府県民税	㋸						
	市町村民税	㋾						
	計	㋻	Ⓜ					

6　外国税額控除額の計算

今年の外国税額控除額

所得税の控除限度額（3の④の金額）	⑨	8,662 円	復興財確法第14条第1項による控除税額（⑨が⑪より小さい場合に（⑪−⑨）と⑩とのいずれか少ない方の金額）	⑬	181 円
復興特別所得税の控除限度額（4の⑧の金額）	⑩	181	所法第95条第2項による控除税額（5のⒿの金額）	⑭	
外国所得税額（1のⒸの金額）	⑪	15,400	所法第95条第3項による控除税額（5のⓁの金額）	⑮	
所法第95条第1項による控除税額（⑨と⑪とのいずれか少ない方の金額）	⑫	8,662	控除税額（⑫+⑬+（⑭又は⑮））	⑯	8,843

⑬の金額がある場合には、**申告書第一表「税額の計算」欄の「外国税額控除」欄**（申告書Aは㊲欄、申告書Bは㊸欄）の「区分」の□に「1」と記入します。

（国税庁ホームページより筆者作成）

第4章

資料収集のポイントとこれからの確定申告

これまで見てきたように、確定申告作業はいかに必要な資料を収集し、分析できるかにあります。そのためには、資料収集を効率的に行わなければなりません。

この章では、資料の収集のポイントとこれからの確定申告のあり方・方向性について解説します。

1 資料収集のポイント

1　資料の効率的な収集方法

資料の収集には、以下の２つの方法があります。

- 紙で収集する
- データで収集する

本書では、クライアントが「記帳を何も行っていない」ことを前提としていますので、どうしても紙で収集することが必要となってしまうことも多いですが、なるべくデータで収集するようにしましょう。理由は、次の通りです。

(1) 紛失の恐れがある

まず、紙で収集する場合紛失してしまう可能性があります。

データでやり取りすれば、「いつ、誰が送付したか（共有したか）」「いつ、誰が削除したか」などの履歴が残りますが紙は何も残りません。クライアントとの間で「これは提出した」「受け取っていない」などのトラブルを避けるためにも紙での収集はなるべく避けたほうが懸命です。

(2) 返却する手間が増える

確定申告が終了したときに、返却する手間が増えます。その点、データであれば紛失の恐れもなく返却の手間もないので大幅に作業の負担を軽減できます。

例えば、領収書が多い場合にはPDFにしてもらって…というのは現実的ではありませんが、請求書については月に一度発行しているということであれば、PDF化してもらう方がよいでしょう。また、保険料控除証明書等の確定申告書作成に必要な資料も紙で預かるよりはスマホやスキャナで写真を撮って送付または共有してもらう方がお互い楽です。

さらに、現金出納帳や売掛帳等をExcelなどで作ってもらっている場合には、それを印刷するのではなく、データのままもらうようにしましょう。印刷されたものを受け取る場合、それをまた会計ソフトに入力する手間が発生していまいますが、データで受け取ることができればそのデータを会計ソフト用に加工してアップロードすることが可能です。

2　経費になる領収書をもらうようにしましょう

確定申告で陥りがちなのが、領収書を丸投げされ、「これは経費になるのか、ならないのか」で作業が止まってしまうことです。税理士側では経費になる、ならないという判断ができないので、その都度クライアントに聞くことになり、非常に効率が悪くなります。

避けたいのは、プライベートと事業の支出がごちゃごちゃになっている状態です。このようなことを防ぐためにも、クライアントにはあらかじめ「経費となるもの」の説明をし、経費に該当する領収書・請求書のみもらうようにします。なんでもかんでも資料をもらうのではなく、最初に収集する資料の「絞り込み」をかけ、余計なものはもらわない、というスタンスをとることも大切です。

3　資料依頼リストを準備していなかったときの失敗

個人の確定申告作業は、いかに資料を効率的に入手できるかがカギとなります。

筆者の経験ですが、独立後まだ個人の確定申告を数件しか請け負っていなかったときに失敗をしました。

「今年開業して、所得税の申告をするのがはじめてだからお願いしたい」ということで初回の打ち合わせに出向きました。このとき、「事業をはじめた」ということだったので事業に関すること、所得控除に関すること等最低限のことだけを聞き、早速会計データのチェック、申告書作成をはじめました。

しかし、申告書提出直前になって、「実は、去年相続で取得した資産（土地・建物）を売却しまして…。これも、申告必要なんですかね？」と言われ意気消沈したのです。

土地・建物を売却したのであれば譲渡所得となり土地・建物の取得費や売却価額を確認する資料が必要となります。相続で取得した土地・建物ということなので空き家特例の可否なども検討しなければなりません。そんなさなか、「実は、兄も相続財産を売却しまして…。こちらもお願いしてもよろしいでしょうか？」と依頼がありました。結果として、依頼者の事業所得と譲渡所得、依頼者の兄の譲渡所得の申告を行うことになってしまいました。もちろん後日請求はさせてもらいましたが、なんともバタバタした確定申告となってしまったのは今でも苦い思い出です。

このようなことになってしまったのは、はじめてのクライアントにもかかわらず初回の打ち合わせだけで得た情報のみで業務を開始してしまったのが原因です。はじめてのクライアントは特に注意で、「事業をしている」という言葉だけを信用せず、所得を包括的に把握するためにも、資料依頼リストは全体の所得を確認できるようなものを送付しなければなりません。逆に、例年依頼してもらっている人であれば、毎回細かな資料依頼リストを送るのは負担となるため避けた方がよいでしょう。基本的には去年と変わった部分だけをきちんとヒアリングするだけでよいでしょう。

4　国税庁運営の確定申告書作成コーナーを利用する

はじめて個人の確定申告書を作成する税理士であれば、税務ソフトをどうするか悩むと思います。そんな税理士におすすめなソフトが、国税庁運営の「確定申告書作成コーナー」です。

クライアントの申告書を作成するのに無料の運営サイトで大丈夫？　と不安になる人もいるかもしれませんが、この確定申告書作成コーナーは十分な機能を備えているので個人の確定申告を行うにあたって大変おすすめです。

その理由は、非常にUI（User Interfaceの略。製品のデザインなどユーザーの視覚に触れる情報のこと）が優れているということです。一般の人も利用することを意識してか、専門用語もそれほど多くありません。次に何をするかが明確でストレスなく作業をすすめることができます。

5　オンラインのコミュニケーションツールを使いこなす

クライアントから資料を受け取ったら、後のコミュニケーションはメールで、という人も多いでしょう。

ただ、どうしてもメールでは細かいニュアンスを伝えられないことが多いです。その場合には、電話をするか、直接会うかといった方法もありますが、よりお互い負担が少なく、コストもかけずにできるのがオンラインのコミュニケーションツールです。

例えば、ZOOMというオンラインの会議ツールは、インターネット回線につないだPCがあればいつでもどこでもコミュニケーションができます。

複数人での会話も可能で、画面の共有もできるので、資料の中で内容がわからなかったものを共有して直接聞くこともできます。電話代はかかりません（通信料のみ）ので、コストも抑えられます。

メールでは伝えづらい、込み入った話をする場合に電話または訪問の代替手段としてオンラインのコニュニケーションツールは大変おすすめです。

6　チャットツールをうまく使いこなす

前項ではオンラインのコミュニケーションツールを紹介しましたが、クライアントが希望するのであればチャットツールもおすすめです。

チャットツールは、メールで文章にするほどでもない連絡をするときにおすすめです。

例えば、メールで伝え忘れてしまったことがあったとき、ちょっとした情報が欲しいときなどです。電話やメールよりは気軽に送れる点がメリットです。

チャットツールは単なる会話だけではなく、クラウドストレージ（インターネットを通じたファイル共有サービス）への直接連携など、ファイル共有も簡単に行うことができ非常に便利です。

ただし、一方でチャットツールを安易に多用するのは避けたほうが無難です。チャットツールの「通知」設定がされていると、メッセージが送られるたびに通知が相手に届きます。チャットツールはその名の通りチャット（会話）という意味合いで短いやりとりが多いため、なかなか終わらなくなってしまい、かえってお互い負担になってしまうこともあります。気軽に送れるツールとはいえ、何度もやり取りが発生してしまわないように考慮することが必要です。

2 これからの確定申告

1 確定申告業務は AI に取って代わられるか？

ここ最近、税理士業務など専門家が行う業務について、AI（Artifical Intelligence の略。人工知能のこと）が仕事を奪うなど不安を煽るニュースが多いです。税理士業務、中でも確定申告業務は AI に取って代わられてしまうのでしょうか？

私は、現時点では楽観的になっているわけではなく、AI が確定申告業務をすべて代行してくれる時代はこないと思っています。その理由は、現時点で AI は「限定された状況で、決まったルールに基づいて作業をする」といった「特化型」が主流であるということです。特化型の AI に対して、人間と同じような知性を持つ AI のことを「汎用型」といいますが、この汎用型の実現はまだ見通しができていません。2045 年のシンギュラリティにはこの汎用型 AI が人間の知性を超えるという論説もありますが、専門家の間でも意見が分かれている状況です。

「限定された状況」ということでいえば、確定申告作業というのは所得税を計算するための状況であるといえるので該当するかと思います。また、「決まったルールに基づいて」という部分についても、「所得税法」という決まったルールに基づいて計算するため該当するでしょう。

一方、AI の苦手な分野として「人の感情を察する」状況が挙げられます。

例えば、本書の重要テーマである「資料を依頼をする」ことは割と人間っぽい仕事で AI には苦手なのではないかと思っています。というのも、「人に何かを依頼する」ことは、高度な気遣いが必要となるからです。

依頼の仕方を AI と人間とで比較してみましょう。確定申告を依頼され、一度面接した後は通常クライアントがどのような人かがわかります（職業、家族構成、税金に対する考え方、IT への対応度など)。もちろんこれは AI でも必要な質問をすることで対応可能でしょう。

例えばその人が「そこまで会計や IT に強くない（普段アナログな方法で記帳を

している)」ということがわかっているとします。そんな状況でも、AIは「こういう場合には、こういった資料を依頼する」といったルールしか覚え込んでいないので、「現金出納帳または現金出納帳のCSVファイルをください」と自動でメッセージを送るかもしれません(ある程度のデータが集まればその人に適した質問をしてくれる可能性はありますが)。クライアントにとっては現金出納帳って? CSVファイルって? とストレスを感じるでしょう。

人間であれば、細やかな気遣いができるため(このクライアントは会計の専門用語では伝わらないし、Excel等のソフトも使っていないということを推測して)、「普段の現金の出し入れを記録したノートをください」と伝えることができます。

AIは限定された状況で非常に優秀ですが、対人間の気遣いを重視したやりとりが苦手です。したがって、対クライアント(人間)とのやりとりを重点的に税理士が行い、これまで手作業で行ってきた作業部分をAIに頼れば効率的に確定申告作業を進められるはずです。

なおAIに頼らずとも、最近はRPA(Robotic Process Automationの略。ロボットによる業務自動化のこと)など便利なツールもあります。RPAは、Excelなどの汎用ソフトから税務ソフトへの転記など、どうしても人の作業が必要な部分で効果を発揮します。これらを活かして、人間は対人間(クライアント)との「コミュニケーション」に力を入れて確定申告作業全体の付加価値向上を図ることが大切ではないでしょうか。

2 税理士こそペーパーレスを目指す

近年、急速な電子取引の増加によって紙でのやり取りが必要でない場面が増えてきています。

最近の確定申告の手続を考えると、スマートフォンによる電子申告や、マイナンバーカードを使わない方式(ID・パスワード方式)が認められ、より電子申告がしやすい環境になってきています。

また、近年は「電子帳簿保存法」(国税関係帳簿書類の全部または一部を電子データによる保存を認めた法律)の改正が何回か行われており、政府にとっても個人事業主・フリーランスにとってもペーパーレスは関心度の高いものとなっています。大企業と違い、間接業務に時間をかけられない個人事業主・フリーランスこそペーパーレスのメリットは大きいはずです。

筆者は、様々な個人事業主・フリーランスと接する税理士こそペーパーレスを率先して目指した方がよいと思っています。何より、税理士が一番ペーパーレスによる業務効率化の恩恵を受けられるからです。そして、クライアントもペーパーレスを実践している税理士が相手であればよい刺激につながるでしょう。

ペーパーレスの一例として、下記を紹介します。

(1) 契約を、書面ではなく電子取引にて行う

個人事業主・フリーランスの確定申告業務を行う場合、業務委託契約を結ぶ機会も多いと思います。そのようなとき、紙で印刷して捺印してクライアントに送り、クライアントに捺印してもらった上で一部を返送してもらって…というのは手間がかかります。

そこでおすすめしたいのが電子上で契約を結ぶ電子契約です。電子契約とは、オンライン上で契約を締結できるサービスです。オンライン上で双方がアクセスできれば紙のやり取りの手間と、紙を保存する場所の確保も必要なくなります。

(2) 請求書を書面ではなくメール添付またはクラウド共有にて行う

業務終了後、紙の請求書を郵送している人も多いと思いますが、請求書も、契約書と同様メール添付やクラウド共有にしてペーパーレス化することをお勧めします。

オンライン上の契約や請求に効力はあるのか？　といった話ですが、そもそも契約や請求は口頭でも成り立つので問題はありません。契約締結・請求書発行業務は手間と時間と場所を取る業務効率化の壁ですので、まっさきにおすすめできるペーパーレス対策です。

(3) 書類はコピーではなくデータでもらう

クライアントの事務所に出向いて確定申告の打ち合わせをした後、書類をもらうことが多いと思います。

このとき、クライアントに了承を得た上でなるべく電子データ（スキャンデータなど）でもらうようにした方が、後々の業務の煩雑さから開放されます。データで資料をもらえば、書類の紛失の心配もありません。最初が肝心ですので機会を逃さずに提案してみてはいかがでしょうか。

3　税理士こそキャッシュレスを積極的に進める

ペーパーレスと合わせてお勧めしたいのがキャッシュレスです。

確定申告業務を請け負った後に、当初想定していなかった業務が発生し、追加請求をしなければならなくなったケースを考えてみます。

そこまで金額が大きくない場合、追加の請求書を発行して振り込んでもらって…というのは双方負担がかかります。そんなときにお勧めしたいのがクレジットカード決済、電子マネー決済、QR コード決済などキャッシュレス決済です。

例えばクレジットカード決済の場合、クレジットカード決済代行業者を使えばオンライン上で決済が可能となります。専用の決済ページにアクセスしてもらって、そこにクレジットカード情報を入力してもらい、決済が完了するイメージです。決済完了後、領収書が自動的にクライアントに送付されますので、それを証拠に経費を計上することができます。

その他、専用のリーダーなどを用意すればその場で電子マネー、QR コード決済ができるサービスもあります。

キャッシュレス決済の場合、料金を受け取る側に手数料が発生します。ただ、それを上回るメリットが双方にあると考えています。現金、銀行振込以外に支払手段があるとクライアントにとっても選択肢が増えます。まずはスポットの業務などにキャッシュレス決済を取り入れてみてはいかがでしょうか。

4　働き方・稼ぎ方の多様化による確定申告の知識の重要性

働き方改革が進められる昨今、1つの会社にとらわれずに多種多様な働き方をする人も増えてきました。

例えば、企業の副業解禁の波です。会社員が勤務先から得る給与以外に収入がある場合、確定申告の知識は必ず必要となるものです。しかし、長年勤務先の「年末調整」でほぼ確定申告とは無縁だった人たちがいざ確定申告をしようとすると困難を極めます。学校や会社で体系的な知識を教わったこともないのですから当然です。

筆者のもとにも、「年収が2,000万円を超えたので会社が年末調整をしてくれなくなった。でも確定申告の仕方が全くわからない」という方が途方に暮れた様子で相談しにきたことがあります。

他にも、お小遣い程度で始めた仕事が大きくなり、確定申告をしなければならない状況になったという人も存在します。本書のはじめに説明したインターネットをメインに仕事をする「ネットビジネス」は、そのような人たちが多いです。2017年に話題となった仮想通貨も、「億り人」（仮想通貨等で、金融資産を1億円以上稼いだ人たちのこと）などのワードを生み出し、会社員の人たちがにわかに確定申告をしなければならなくなったということで多くの相談を受けました。相談を受けてみてわかったのは、「自分が確定申告をしなければならない」といった発想すらない人が多かったということです。このときに働き方・稼ぎ方の多様化につれて確定申告の知識のニーズは高まるだろうと感じました。

税理士の主な顧客は、中小企業のオーナー、個人事業主・フリーランスです。そのため、会社員で副業をしている人や確定申告が必要となるぎりぎりくらいの稼ぎの人からすると税理士に相談するのは敷居が高いようです。

毎月訪問する「顧問」でなくても、このような人の役に立つことは可能です。例えばスポットで相談を請け負う、セミナーを行うなどです。働き方・稼ぎ方の多様化によってますます確定申告の知識のニーズは高まるでしょう。このようなニーズに応えるために、税理士が少し敷居を下げてこのような人たちと接することが大事なのではないでしょうか。

重要資料索引

英数字

あ

か

さ

た

な

は

や

ら

【著者略歴】

戸村　涼子（とむら　りょうこ）

1978年，東京・四ツ谷生まれ。家族は夫・息子。大学卒業後，外資系企業数社，上場メーカー，税理士法人を経て，2016年4月に独立。クラウド会計を使い，主に独立・起業したての方の税務支援を行っている。ネットビジネス，海外取引等の税務も対応し，スポットの相談も積極的に対応している。ブログ・ホームページにて，スモールビジネス向けに情報発信をしている。

【著書】『十人十色の「ひとり税理士」という生き方』（共著）大蔵財務協会，2018年。『会計と決算書がパズルを解くようにわかる本』日本実業出版社，2018年。『図解でわかる！　税理士が知っておきたいネットビジネスの仕組みと税務』第一法規，2019年。

著者との契約により検印省略

令和2年5月15日　初版発行

はじめて確定申告を行う税理士のための
所得税申告に係る
資料の収集と分析

著　者　戸村涼子
発行者　大坪克行
印刷所　美研プリンティング株式会社
製本所　牧製本印刷株式会社

発行所　〒161-0033　東京都新宿区下落合2丁目5番13号　株式会社　**税務経理協会**
振替　00190-2-187408
FAX（03）3565-3391
電話（03）3953-3301（編集部）
（03）3953-3325（営業部）
URL　http://www.zeikei.co.jp/
乱丁・落丁の場合は，お取替えいたします。

ISBN978－4－419－06689－5　C3032